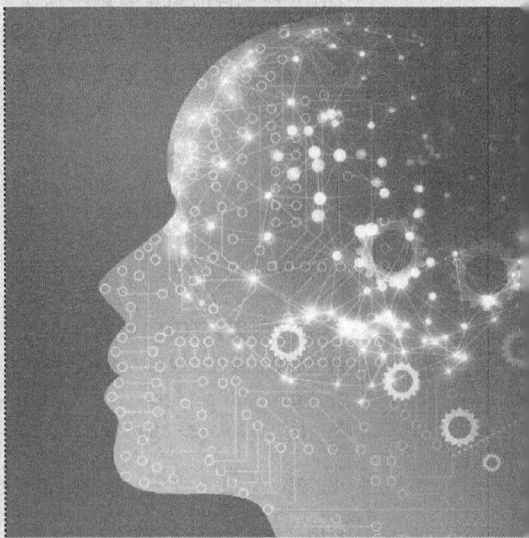

当代外语研究论丛
FOREIGN LANGUAGES STUDIES
语言学研究系列

汉语简单反身代词回指的神经认知研究

A Neuro-cognitive Study of the Chinese Bare Reflexive Anaphora

教育部人文社科青年基金项目（16YJC740091）成果

张时倩 ◎ 著

上海交通大学出版社
SHANGHAI JIAO TONG UNIVERSITY PRESS

内容提要

　　本书是"当代外语研究论丛"之一,通过神经认知实证研究来检验理论假设、讨论理论问题和构建理论表述模型,同时,已有的回指理论及句子加工理论指导了作者定位具体研究目标、实验设计和对实验结果的解释,遵循了实证-理论双驱动的研究模式。本书的创新性在于用神经认知实验技术来探测语言回指现象,用生理心理学证据来检验和发展语言理论,填补了目前尚没有系统的汉语(简单)反身代词神经机制研究的空白。本书的研究内容涉及汉语言使用者及学习者最常用的反身代词回指现象,为回指现象的使用和研究提供来自大脑的实证数据,最终回归到对语言理论问题的解决和探讨,因此本书读者定位于语言研究者、语言学专业的教师及学生。

图书在版编目(CIP)数据

汉语简单反身代词回指的神经认知研究/张时倩著.—上海:上海交通大学出版社,2019

ISBN 978-7-313-22072-1

Ⅰ.①汉… Ⅱ.①张… Ⅲ.①汉语—代词—研究 Ⅳ.①H146.2

中国版本图书馆 CIP 数据核字(2019)第 230987 号

汉语简单反身代词回指的神经认知研究
HANYU JIANDAN FANSHENDAICI HUIZHI DE SHENJING RENZHI YANJIU

著　　者:张时倩

出版发行:上海交通大学出版社　　　地　　址:上海市番禺路 951 号

邮政编码:200030　　　　　　　　电　　话:021-64071208

印　　制:江苏凤凰数码印务有限公司　经　　销:全国新华书店

开　　本:710mm×1000mm　1/16　印　　张:9.75

字　　数:164 千字

版　　次:2019 年 11 月第 1 版　　　印　　次:2019 年 11 月第 1 次印刷

书　　号:ISBN 978-7-313-22072-1

定　　价:62.00 元

前　言

　　语言是人类最重要的认知功能之一。科学家通过神经认知实验证实,语言理解是一个复杂而迅速的心理认知活动,语言使用者能够在几百毫秒内解码一个句子的语音、语义和句法等结构,并将其整合为单一的解释。但是,在对句子的理解过程中,仅提取其句法和语义等结构还远远不够,因为对句子中有些词的理解往往依赖语篇语境。语篇理解的一个重要环节就是追踪语篇中的实体或概念指的是"什么"或是"谁",以建立连贯的语篇心理表征。

　　回指是在语言交际中用一个语言表达式来指示一个之前已经引入的概念或事物的语言现象(Rinck & Bower,1995),是建立语篇连贯的重要语言工具之一,已经引入的概念或事物被称作先行语,用来指示先行语的语言表达式被称作回指语。其中,通过反身代词回指,语言使用者可以追踪语篇中的"自己"指的是谁。

　　乔姆斯基的管辖约束理论(Norm Chomsky,1981,1986)通过限制不同名词性回指语以及其先行词的句法分布来规定它们的受约束情况。根据管辖约束理论 A 原则的规定,反身代词只能回指局部句法域(最低句法节点)内的局部(短距离)先行词。然而,汉语(简单)反身代词"自己"却违反 A 原则的规定,既可以回指短距离先行词也可以回指长距离先行词,其指称情况往往由语境直接决定。

　　特殊的汉语"自己"回指现象引起了语言学者的广泛关注,他们试图用各种理论模式来解释(长距离)"自己"回指。但是,就什么因素决定"自己"(长距离)回指这一问题,一直存在理论争论。由于"自己"回指的神经加工过程尚不清楚,众多理论假设仍缺少生理心理学证据的检验。到目前为止,关于"自己"回指的生理心理学研究尚非常少,而且研究的都是无语境条件下的"自己"回指,语境对于"自己"回指加工的影响尚不明确,因此,本书通过神经认知实验技术探究了语境如何影响"自己"回指加工,并基于实证研究的结果检验关于"自己"回指的理论假设。

行为学的语义启动范式尤其适用于探测语言加工某一阶段的结果。ERP(Event-related Brain Potential,事件相关脑电位)技术能够即时、连续地记录神经加工过程,其 ERP 成分成为不同神经机制或过程的指标。因此,本书用语义启动(行为学)和 ERP 双重技术来探测语境影响下"自己"回指加工在不同阶段的特征、其时间加工进程以及语境通过什么神经机制影响"自己"回指加工。

本书的行为学研究包含三项行为学实验,它们通过语义启动范式分别探测了语境影响下"自己"回指加工在不同阶段的特征。行为学实验 1 探测了语境影响下"自己"回指加工初期阶段的特征。结果表明,在初期加工阶段,语境已经开始影响"自己"回指加工,但是在此阶段(语境)信息的整合尚不充分,显示出长距离回指加工优势效应。行为学实验 2 探测了语境影响下"自己"回指加工在启动词呈现 160 毫秒后加工阶段的特征。结果表明,在此加工阶段,"自己"回指加工进入充分的语境信息整合。行为学实验 3 探测了语境影响下"自己"回指加工在启动词呈现 370 毫秒后加工阶段的特征。结果表明,在此加工阶段"自己"回指加工进入多因素(至少包括语境和句法因素)综合整合,而(管辖约束理论 A 原则的)句法约束在此阶段起主导作用。

本书的 ERP 研究探测了语境影响下"自己"回指加工的精确时间进程和神经加工机制。结果发现,相比短距离语境和无语境歧义条件,"自己"在长距离语境条件下诱发了更小的 N170 波幅和更大的 P300、P600 波幅,说明语境通过知觉专家化机制、注意加工机制和句法加工机制影响"自己"回指加工。N170 效应表明,对于汉语母语者来说,局部"自己"回指相比长距离"自己"回指是一种专家化的(熟悉的)语言现象,从而推论,局部"自己"回指的心理表征是汉语母语者为了专家化阅读而在大脑中发展的关于"自己"回指的专家化心理表征。P300 效应表明,加工长距离"自己"回指比加工短距离"自己"回指须调配更多的注意加工资源。这一效应可能反映了对于基于 A 原则所建立的短距离"自己"回指的心理表征和根据长距离语境所建立的长距离"自己"回指的心理表征之间的不相符的探测或诊断。P600 效应表明,加工长距离"自己"回指比加工短距离"自己"回指耗费更多的句法加工资源。这一效应可能反映了为了修复不相符心理表征而引起的句法复审过程。

综合本书行为学和 ERP 研究的结果，语境影响下"自己"回指加工的时间进程可以表述为三阶段模型：①初期加工阶段——不充分语境信息整合阶段；②刺激 160 毫秒后——充分语境信息整合阶段，大脑已经区分专家化（短距离）和非专家化（长距离）的"自己"回指；③刺激 300 毫秒后——（管约理论 A 原则）句法约束主导的多因素综合整合阶段，违反 A 原则的长距离"自己"回指引发"诊断（探测）—重分析（句法复审）"的神经加工过程。

本书的行为学和 ERP 研究的结果表明，多种因素参与"自己"回指的神经加工过程，（管约理论 A 原则）句法约束在此过程中起主导作用。本书实证研究的结果对相关理论问题或争论的解决有一定启示作用，如"自己"回指决定因素的理论争论、"自己"回指的"主语倾向性"和"阻隔效应"问题、A 原则与反身代词加工的关系问题、句子加工的"序列模型"和"平行模型"的理论争论以及回指"距离效应"的实质问题。

本书是笔者博士课题的继续和深化研究。在撰写书稿的过程中，时常想起我的几位导师，在这里要向他们致以最诚挚的感谢！感谢我的硕士导师程琪龙教授，他是最早将神经认知语言研究介绍到中国的学者之一，是他在我的眼前展开了神经认知语言学神秘美丽的画卷，引导我跨入了这一研究领域。感谢我的博士导师张德禄教授，他是我国乃至国际功能语言学研究集大成者之一，他以博大的胸怀和前沿的学术视野，鼓励并指导我在功能语言学视野下进行语言指称现象的神经机制研究，开启了我将传统语言研究与神经实验技术相结合的研究道路。如果没有这两位导师，我不可能走上学术研究的道路，更不可能成长为今天的高校教师。从弱冠到而立，他们在我的成长历程中起了关键的作用。

在攻读硕士和博士学位期间，我曾经在赵仑老师的实验室进行实验技术进修，赵老师不仅指导我学习了 ERP 实验基础，更启发了我在语言指称方面的研究兴趣。在这里对赵老师致以感谢！

本书定稿之时，我正在（北京师范大学）认知神经科学与学习国家重点实验室访学，感谢我在实验室的导师郭桃梅教授，她为我的访学成行以及在实验室的科研工作提供了一切便利条件，对我的研究给予细致的指导，使我对自己的研究方向更加自信和坚定。实验室的师弟、师妹也在我的研究中提供了很多帮助，在这里一并向他们表示感谢！

　　本书是教育部人文社科青年基金项目（题目：英汉反身代词回指的神经加工机制研究；项目批准号：16YJC740091；主持人：张时倩）的成果。此外，本书的出版得到了上海理工大学人文社科攀登计划项目和上海理工大学外语学院博士科研基金的资助，特此鸣谢！

著者

目　录

第3章 行为学研究 52

第1章
绪　论

1.1　研究背景

追踪语篇中的时间、地点、人物、事件,是语篇理解的一个关键环节,在语言使用者建立语篇心理表征的过程中至关重要。回指是在语言交际中用一个语言表达式来指示一个之前已经引入的概念或事物的语言现象和过程(Rinck & Bower,1995),它是建立指称连贯的重要语言工具之一。已经引入的概念或事物被称作先行语(词),而用来指示先行语的语言表达式被称作回指语(词)。其中,通过反身代词回指,我们可以追踪语篇中的"自己"指的是谁。

乔姆斯基(1981,1986)的管辖约束理论 A 原则(简称为"A 原则")规定了反身代词在句子中的(指称)受约束情况:"指称语(包括反身代词和相互代词)在管辖语域中受约束"。根据 A 原则,反身代词的先行词只能分布在局部句法域(即最低句法节点,通常是包含反身代词的同一小句或名词短语)中。例如,在英文回指句[1.1]中,反身代词"himself"只能回指局部句法域"Bill's criticism of himself"中的局部(短距离)先行词"Bill",而不能回指局部句法域外的长距离先行词"John"。

[1.1] John$_1$ doesn't like Bill's$_2$ criticism of himself$_2$.

然而,汉语(简单)反身代词"自己"却违反 A 原则的规定,既可以回指短距离先行语也可以回指长距离先行语,其指称情况往往由语境直接决定。例如,汉语回指句[1.2]是英文回指句[1.1]的汉语对等句,在[1.2]中"自己"的指称是歧义的(既可以回指"Bill"也可以回指"John")。例句[1.3]和[1.4]在回指句[1.2]前设置了不同的语境句,根据语境,"自己"在[1.3]中回指长距离先行词"John",而在[1.4]中回指短距离先行词"Bill"。

[1.2] John 不喜欢 Bill 批评 ziji(自己)。(歧义回指)

John bu xihuan Bill piping ziji.

﹡John not like Bill criticize ziji.

John doesn't like Bill's criticism of himself/him.

[1.3] Bill 总是批评 John,John 不喜欢 Bill 批评 ziji。(长距离回指)

Bill zongshi piping John,John bu xihuan Bill piping ziji.

﹡Bill always criticize John,John not like Bill criticize ziji.

Bill always criticizes John, and John doesn't like Bill's criticism of him.

[1.4] Bill 总是自我批评,John 不喜欢 Bill 批评 ziji。(局部回指)

Bill zongshi ziwopiping,John bu xihuan Bill piping ziji.

﹡Bill always self-criticize,John not like Bill criticize ziji.

Bill always does self-criticism, and John doesn't like Bill's criticism of himself.

特殊的汉语"自己"回指现象引起了语言学界的广泛关注。关于什么因素决定"自己"回指这一问题一直存在着理论争论(详见本书2.1章节),早期主要形成了两种理论派别,即"句法学派"和"非句法学派"(Hu,1998),其理论争论的焦点在于"自己"回指能否完全脱离句法因素,尤其是管辖约束理论(Norm Chomsky,1981,1986)A 原则的限制。到目前为止,句法的理论假设与非句法的理论假设还都不能对"自己"回指问题做出完整的解释。近来有学者提出,综合解释模式(包括句法、语义、语用、语篇等因素)才是解决"自己"回指问题的正确途径(如:Pollard & Xue,1998,2001;Hu & Pan,2002;Koornneef,2008)。然而,由于"自己"回指的神经加工过程尚不明确,这些理论假设仍缺少生理心理学证据的检验(Harris,Wexler,& Holcomb,2000)。

关于汉语反身代词"自己"回指的生理心理学研究尚非常少(可查文献仅见:高立群,刘兆静,黄月圆,2005;刘兆静,2009;Li & Zhou,2010),而且都是在无语境条件下的"自己"回指研究。截至目前,语境对于"自己"回指神经加工的影响尚不明确。值得注意的是,回指元素最重要的特征之一就是其释义无法独立获取,对(上下文)语境有极大的依赖性(Koornneef,2008)。如例句[1.3]和[1.4]所示,语境这一"自己"约束情况的直接决定因素绝不能在"自己"回指研究中被忽略。

行为学语义启动范式(semantic priming paradigm)尤其适用于探测语言加工某一阶段的结果;ERP(event-related brain potential,事件相关脑电位)技术能够即时连续地记录神经加工过程,其 ERP 成分成为不同神经机制或过程的指标。因此,本研究的目标是通过行为学语义启动范式和 ERP 技术来探究语境如何影响"自己"回指的神经加工过程。

1.2　回指概述

"回指"(anaphora)一词起源于古希腊语,意思是指向前方,与表示指向后方的"下指"(cataphora)一词相对。在有些用法中,"回指"一词既包含"前指"之意也包含"后指"之意(Crystal, 1997;Matthews, 1997)。在本书中,我们采用其"前指"的意义。

在语言学中,回指是建立语篇连贯的重要语言工具之一,它指在语言交际中用一个语言表达式来指示一个之前已经引入的概念或事物的语言现象和过程,已经引入的概念或事物被称作"先行语(词)",而用来指示先行语的语言表达式被称作"回指语(词)"(Rinck & Bower, 1995)。Crystal 从描写语言学的角度(1997)将回指定义为"一个语言单位从之前已经表达的某单位或意义获取自身释义的过程或结果"。在功能语言学中,回指被定义为"两个语言项目之间特殊的粘连关系,语言使用者要考虑其中一个语言项目(即先行语)的意义才能理解另一个本身意义有些含糊或不完整的语言项目(即回指语)的意义"(Carter,1987:33;Halliday & Hasan, 1976)。回指实际上几乎涵盖了所有 Halliday & Hasan(1976)所讨论的指称、替代、省略和词汇粘连(cohesion,又称"衔接")等粘连关系(胡壮麟,1994)。

语言中的回指语可以是名词性的,也可以是动词性的、副词性的或是形容词性的。例如在例[1.5]的对话中,B 所说的每个词都是回指语,回指 A 所说的话里的某个语言表达式所指代的事物或意义。其中,he(他)和 that(那个)是名词性回指语,其先行语分别是 John(约翰)和 picture(这幅画);did(干)是动词性回指语,其先行语是 painted(画了);there(在那里)是副词性回指语,其先行语是 in London(在伦敦)。在例句[1.6]中,第二个句子中的 such(这样的)

是一个形容词性回指语,回指第一句中的名词修饰语"of mildly but persistently depressive temperament"(心情抑郁,虽不严重,但总是摆脱不了)。

[1.5] A: John painted this picture in London.

约翰在伦敦画了这幅画。

B: He did that there?

他在那里干的那个?

(许余龙,2004)

[1.6] Gerald Middleton was a man of mildly but persistently depressive temperament. Such men are not at their best at breakfast.

杰拉尔德·米德尔顿是一个心情抑郁的人,虽不严重,但总是摆脱不了,这样的人在早餐时是不会处于最佳状态的。

(Halliday & Hasan, 1976: 79)

在以上两个例子中,回指语的词性类别与它们的回指语相一致,即当先行语是小句中的名词性、动词性、副词性或形容词性成分时,其回指语也是相应的句子中名词性、动词性、副词性或形容词性成分。在某些情况下,一个回指语还可以指代一个小句,甚至篇章中的一个语段,或它们所表达的意义。例如,在例句[1.7]中,第一个"it"(它/这样)回指的是前面一句话"Curtsey while you are thinking what to say"(一边请安,一边想你该说些什么)所指示的行为方式,即整个第一句话是"it"的先行语,而"this"(这/此)和第二个"it"(它/此)都是回指前面女王所说的话,即它们的先行语是一个语段。

[1.7] "Curtsey while you are thinking what to say. It saves time." Alice wondered a little at this, but she was too much in awe of the Queen to disbelieve it.

"一边请安,一边想你该说些什么。这样能节省时间。"爱丽丝对此感到有些诧异,但是对女王的敬畏使她不敢对此有所怀疑。

(Halliday & Hasan, 1976: 52)

以上几个例句显示:回指语的形式和功能具有多样性,而且语言中的先行语可以是词、短语、小句甚至是语篇中的一个段落。根据先行语的形态和句法特征,可以将语言中的回指现象分为五大类(许余龙,2004):①名词性回指(名词和名词短语回指),如例句[1.8]、[1.9];②动词性回指(动词和动词短语回指),如例句[1.10]、[1.11];③形容词性回指(形容词短语回指),如例句[1.12];④副词性回指(副词短语回指),如例句[1.13];⑤句子性回指(小句和句群回指),如例句[1.14]、[1.15]。

[1.8] Lily likes red <u>flowers</u>, and Lucy likes white <u>ones</u>.
　　　莉莉喜欢红色的<u>花</u>,露西喜欢白色的Ø。

[1.9] Lily gives Lucy <u>a red flower</u>, but Lucy does not like <u>it</u>.
　　　莉莉给了露西<u>一支红色的花</u>,但是露西不喜欢Ø。

[1.10] Lily <u>bought</u> a black skirt, and Lucy Ø a red one.
　　　　莉莉<u>买了</u>一条黑色的裙子,露西<u>买了</u>一条红色的。

[1.11] Lily <u>bought a black skirt</u>, and Lucy Ø too.
　　　　莉莉<u>买了一条黑色的裙子</u>,露西也是Ø。

[1.12] Lily bought a <u>black skirt with two pockets</u>, and Lucy bought a <u>same</u> one.
　　　　莉莉买了一条<u>黑色的带两个口袋的裙子</u>,露西买了一条<u>同样的</u>。

[1.13] Lily is now living <u>in New York</u>, and Lucy also lives <u>there</u>.
　　　　莉莉现在住<u>在纽约</u>,露西也住在<u>那里</u>。

[1.14] Someone told me <u>that Lily can speak eleven different languages</u>, but I don't believe <u>it</u>.
　　　　有人告诉我<u>莉莉能说11种不同的语言</u>,但是我不相信Ø。

[1.15] <u>This</u> is what has happened:(followed by a text of description)
　　　　发生的事情是<u>这样</u>的:(紧跟其后的是一段描述)

（根据许余龙,2004:4 的例句改写）

从上面的例句及其汉语译文可以归纳出:五大类共八小类回指在英语和汉语中都有相对应的形式,但是英汉表达的手段却有同有异。如在例[1.11]中,英、汉语都用零型(Ø)回指语指代前一个小句中的动词短语;在例[1.12]、[1.13]、[1.15]中,英、汉语都用类似的词汇手段来回指形容词短语、副词短语和语段;在例[1.8]、[1.9]、[1.14]中,英语用代词 one 和 it 分别来回指名词、名词短语和小句,而汉语则采用零型(Ø)回指语;在例[1.10]中,汉语用重复的动词来回指动词,而英语则用零型(∅)回指语来回指动词。

此外,一些语言学家还从更广泛的意义上界定回指,他们认为动词语态(Partee,1973)(如例句[1.16])、任何形式的名词性组合(Krahmer & van Deemter,1998)(如例句[1.17])、预设(van der Sandt,1992)(如例句[1.18])、情态动词(Frank & Kamp,1997)(如例句[1.19])、音高(Hendriks & Dekker,1996)(如例句[1.20])、纠正(van Leusen,1997)(如例句[1.21])等语言范畴的例子都可以归为回指。

[1.16] Sheila had a party last Friday and Sam got drunk.

上周五希拉举办了一次聚会,结果山姆喝醉了。

[1.17] If the new teacher lectures some pupils, most girls immediately have a crush on him.

如果那位新老师给学生上课,大部分女生立刻就会迷上他。

[1.18] If someone solved the problem, it was Julius who solved it.

如果有人解决了这个问题,那(一定)是朱莉。

[1.19] A thief might break in. He would take the silver.

如果有小偷进来,他会拿走银子的。

[1.20] Now pick up a ´red square.

现在请拿起一个´红色的正方形。

[1.21] —John wants an orange.

—No, he wants a banana.

——约翰想要一个橘子。

——不,他想要一个香蕉。

虽然研究者们从许多不同的角度对回指现象进行了限定和分类,但是语言学理论中讨论最多的是名词性回指。Reinhart(1999)指出:"在理论语言学中,回指这一术语通常是指两个名词性的单位被赋予了同样的价值或范畴。"

回指主要有两大特点,由此也形成了回指研究的两大取向。首先,回指具有形式丰富的特征,不同的回指形式受不同句法结构条件的制约。回指的这一特征受到了形式主义语言学家,尤其是生成学派语言学家的关注。他们致力于证明语言中存在一些结构制约,这些制约决定了不同类型的名词性回指语的句法分布和语义解释;他们尤其致力于在语言总的组织结构框架中,用最简洁精确的形式阐述这些制约(许余龙,2004)。比如,在早期的转化生成语法模式中,语言学家设定了一些句法规则,如等同名词短语删除规则(Equi-NP Deletion)和代词化规则(Pronominalization),并规定了运用这些规则的句法结构条件(如 Lees & Klima,1963;Langacker,1969;Ross,1969)来解释语言中的一些回指现象。

关于回指最著名的(生成)理论就是乔姆斯基(1981,1986)的约束理论,这一理论主要通过限制回指语的句法结构分布来规定不同名词性回指语的使用条件。

约束理论:

A 原则:照应语(包含反身代词和相互代词)在管辖语域内受约束。

B 原则:指代语(除反身代词和相互代词之外的代词)在管辖语域内不受约束。

C 原则:指称语在句子中不受约束。(乔姆斯基,1981:188)

管辖语域:一个语言单位 X 的管辖语域是包含 X、X 的管辖成分(这一语言单位的

中心成分)和一个 X 的可及主语的最小句法单位(通常是包含 X 的名词短语或分句)。(乔姆斯基,1986)

这里"照应语"取其狭义,仅指反身代词和相互代词。

约束(binding)这一概念是从逻辑学中借用而来的,它原指量词和变项之间的关系,即变项受到量词的约束。就逻辑而言,像"人是理性的"(Men are rational)这样的表达式是不可接受的。因为主目语"人"(men)不像人称名词"汤姆"(Tom)一样指向一个特定实体,所以这个表达式没有真值,无法判断其真假。这里必须有一个量词,如"所有"(all)、"有些"(some)来约束主目语"人",这个句子才能成立。在转换生成语法中,约束指各种指称词语(包括管约理论 A、B、C 原则中提到的"照应语""指代语""指称语")与它所在的句子的主语之间的关系。

"受约束"指照应语与其可及主语(accessible subject)之间的关系,即回指语要与可及主语共指。"管辖语域"又叫"局部语域",是最小语域或最小句法域,即树形图上包含依存成分、管辖成分和可及主语的最低句法节点。它通常位于最低一级的句子或名词短语节点。根据乔姆斯基的管辖约束理论,照应语(包含反身代词和相互代词)与局部语域内的先行语共指,这里的局部语域通常是包含回指语的名词短语或分句,比如,在例句[1.22]和[1.23]中,反身代词"自己"分别在管辖语域"John likes himself"中回指"John"和在管辖语域"Bill's criticism of himself"中回指"Bill"。指代语(除反身代词和相互代词之

外的代词)可以回指局部句法域外的先行语,比如,在例句[1.24]和[1.25]中,代词"him"在管辖语域中是自由的,它在两个句子中分别回指管辖语域外的"John"和"Bill"。其他指称语(如专有名词和名词短语)在句子中是自由的,比如,在句子[1.26]中,指称语"the man"并不与句子中的"John"或"Bill"同指,而是指示句子外的一个人。

      [1.22] $John_1$ likes $himself_1$.

      [1.23] $John_1$ doesn't like $Bill's_2$ criticism of $himself_2$.

      [1.24] $John_1$ likes him_2.

      [1.25] $Bill_1$ says $John_2$ likes him_2.

      [1.26] $Bill_1$ says $John_2$ likes the man_3.

(胡壮麟,2001)

回指除了形式丰富,还有组织语篇的功能。通过回指可以将篇章中的句子组织成为一个有机的整体。形式主义语言学家对回指的研究主要集中在回指的句法和语义特征上,总的来说,此类研究主要局限于回指的结构形式方面,它们对名词短语的形式特征分析主要局限于句子内部。但是,自然语言中的回指现象更多地表现为语篇中句子之间的回指,对回指的使用和理解也在很大程度上依赖于篇章的上下文语境。因此,很多研究者关注回指的篇章属性,他们的研究大都采用篇章-功能主义的方法。这些研究旨在说明语篇中用于表达同指或异指的不同类型的名词性表达式在很大程度上受某些语篇条件所制约,并可能具有某些特殊的语用含义(许余龙,2004)。功能主义语言学家就回指的篇章属性做了很多研究,如,Halliday & Hasan(1976)在黏着理论的框架下研究的指称、替代、省略和词汇,Givon(1983)的主题连续理论和 Haiman & Thompson(1988)的句子联合理论。

除了关于回指的形式主义研究和篇章功能研究外,有些学者还从语用和(神经)认知的角度研究回指。如,Ariel(1988,1990,1994)将篇章中不同类型的指称词语(回指语)的可及性(accessibility)与其在大脑中的激活程度相关联,提出了回指可及性理论,这是第一次从神经认知视角分析回指现象的理论探索。"可及性"原本是一个哲学术语,指在语篇理解过程中,从记忆系统提取一个语言或记忆单位的难易程度。根据回指可及性理论,回指语的类型决定了其指称对象的可及程度。一般来说,包含更多语音材料、承载更多信息且歧义程度更低的回指语会用来指示低可及性的先行语。许余龙(2004)继承和发展了 Ariel 的理论，他吸收了把回指语看作可及性标示语的思想，并指出仅有回指语所表达的可及性信息还不足以具体确定篇章中的先行语，还需要由先行语表达的可供回指确认的主题性信息。

1.3　汉语"自己"回指

在管辖约束理论（Norm Chomsky，1981，1986）中，根据句法（结构）分布将名词性回指语划分为三类：照应语（包括反身代词和相互代词）、指代语（除反身代词和相互代词外的代词）和其他指称语。其中，人们通过反身代词的指称能够追踪语篇中的"自己"指的是谁。

管辖约束理论 A 原则（本书中简称"A 原则"）规定：反身代词在管辖语域中受约束。管辖语域指局部/最小句法域，即树形图上包含依存成分、管辖成分和可及主语的最低句法节点，它通常位于最低一级的句子或名词短语节点。根据 A 原则，反身代词只能回指局部句法域内的局部（短距离）先行语，如例句[1.1]所示。然而，汉语（简单）反身代词"自己"却违反 A 原则的规定，既可以在局部句法域内回指局部先行语，也可以回指局部句法域外的长距离先行语；其指称情况往往由语境直接决定，如例句[1.2]、[1.3]、[1.4]所示。

特殊的汉语"自己"回指现象引起了学界的广泛关注，关于什么因素决定"自己"回指这一问题一直存在理论争论（详见 2.1 章节）。关于"自己"回指的理论研究，早期主要形成了相对立的两种"自己"回指的理论解释模式，即句法学派和非句法学派。句法学派试图从纯句法的理论角度，尤其是在管辖约束理论框架下解释"自己"回指现象（参见胡建华，1998）。他们认为："建立句子心理表征的唯一途径是句法加工"（Alec Marantz，2000）；"自己"的指称绝对不会脱离 A 原则的句法限制（Jan Koster & Eric J. Reuland，1991）。相反的，非句法学派认为，任何从管辖约束框架发展而来的理论都不能对"自己"回指的属性做出正确的预测，而且"自己"回指能够完全脱离句法的限制（Huang，1994），因此他们提出了关于"自己"回指的非句法（语义、语用、功能）理论（参见胡建华 & 潘海华，2002）。到目前为止，句法的理论假设以及非句法的理论假设还都不能对"自己"（长距离）回指问题做出完整的解释。后期有学者提出，综合解释模式（包括句法、语义、语用、语篇等因素）才是解决"自己"回指问题的正确途径（胡建华 & 潘海华，2002；Koornneef，2008；Pollard & Xue，1998，2001）。由于"自己"回指的神经加工过程尚不明确，这些理论假设尚缺少生理心理学证据的检验(Harris，Wexler & Holcomb，2000)。

1.4 研究目标

尽管理论语言学者关于"自己"回指决定因素的争论由来已久,但是关于"自己"回指的生理心理学研究尚非常少(详见 2.2.3 章节),而且研究都集中于无语境条件下的"自己"回指加工。高立群等(2005)和刘兆静(2009)用先行词的句法位置做实验变量,对无语境条件下的"自己"回指加工进行了语义启动(行为学)研究。结果显示,当句尾启动词"自己"与目标词的刺激间隔时间为 0 毫秒时,给与短距离先行词语义相关的目标词命名快于给与长距离先行词语义相关的目标词命名,证明"自己"回指在其加工的早期阶段,在句法层面上,表现出局部约束倾向。基于这样的结果,研究者进一步推论,长距离"自己"回指可能是由句法以外的(如语境或语义)因素决定的,而这些因素可能在回指加工的后期才起作用(高立群等,2005)。Li & Zhou(2010)以动词语义为实验变量,对无语境条件下的"自己"回指加工进行了 ERP 研究,结果显示长距离回指条件下的"自己"比短距离回指条件下的"自己"诱发了更大的 P300 和 P600 成分,证明尽管"自己"能够违反 A 原则回指局部句法域以外的长距离先行词,但是长距离回指会耗费更多的大脑加工资源。以上研究显示,在无语境条件下,"自己"回指加工表现出局部约束倾向,长距离"自己"回指会耗费更多的加工资源。

到目前为止,语境如何影响"自己"回指的神经加工过程尚不明确。值得注意的是,回指元素最重要的特征之一就是其不能独立获取意义,而是要依赖(上下文)语境获取自身的解释意义(Koornneef,2008)。如例句[1.3]和[1.4]所示,语境这一"自己"指称情况的直接决定因素决不能在"自己"回指研究中被忽略。因此,本书的研究目标是通过生理心理学技术探究语境如何影响"自己"回指加工。行为学语义启动范式尤其适用于探测语言加工某一阶段的结果;ERP 技术能够即时连续地记录神经加工过程,其 ERP 成分成为不同神经机制或过程的指标。本书拟通过行为学语义启动范式和 ERP 双重技术来探测语境影响下"自己"回指加工在不同阶段的特征、其时间加工进程以及语境通过什么神经机制影响"自己"回指加工。

高立群等(2005)推论,长距离"自己"回指可能是由句法以外的(如语境或语义)因素决定的,而这些因素可能在回指加工的后期才起作用。学界就句子理解过程中不同信息是平行加工还是序列加工这一问题，一直存在争论。支持平行加工模型者认为各种信息一旦被获取就立即作用于句子加工（Marwlen-Wilson，1975），而支持序列加工模型者认为在对句法结构的构建结束之后其他信息才被用来对句法分析做出评价（Frazier & Rayner，1982）。那么语境信息是否在"自己"回指加工的初期便开始起作用，还是在"自己"回指加工的后期阶段才起作用？

本研究的第一个目标就是通过行为学实验 1 来回答这一问题。行为学实验 1 将通过语义启动技术探测语境影响下"自己"回指加工的初期阶段的特征。在回答了这一问题之后，本研究将通过行为学实验 2 和行为学实验 3 进一步探测语境影响下的"自己"回指在中后期加工阶段的特征。通过三项行为学实验，可以观察语境影响下"自己"回指加工在三个不同阶段的特征和粗略时间进程。最后，本书将通过 ERP 技术来探测语境影响下"自己"回指加工的特征、其精确（ERP 具有以毫秒计的时间精确度）连贯的时间进程，并探究语境通过什么神经机制影响"自己"回指加工。

1.5 研 究 思 路

本书的整体研究思路是实证-理论双驱动研究。本书选题来源于已有的理论研究和理论争论。本书将通过行为学和 ERP 研究来检验理论假设、讨论理论问题、解决理论争论、并构建理论表述模型；反过来，已有的回指理论和句子加工理论指导了研究者定位具体研究内容、设计实验和解释实验结果。综合来说，本书的研究思路是理论指导实证研究，实证证据继而检验和发展理论，最终在已有理论基础上构建新的理论模型。

此外，本书的研究以行为学和 ERP 两种实验的结果相互验证和比照，进行相关的讨论和解释。（行为学）语义启动技术通过（词汇判断）反应时数据来观察读者在句子加工过程中大脑所建立的连接，以此来推测在句子加工的某特定阶段大脑正在处理的结构或单位（Nicol & Pickering，1993），它尤其适用于探测句子加工某阶段的结果。而 ERP 技术，由于其（以毫秒计的）高时间敏感度和不同 ERP 成分所代表的特定的神经加工过程或机制，适用于探测句子加工的精确时间进程和神经机制。本书的研究以三项行为学实验来探测语境影响下"自己"回指加工在三个不同阶段的特征和粗略的时间加工进程；以一项 ERP 实验来探测语境影响下"自己"回指加工的精确时间进程及其神经机制。两种实验技术各有其技术优势和适用的研究内容,本书的研究以行为学和 ERP 两种实验的结果相互验证和比照,进行相关的讨论和解释,使研究更科学可靠。

1.6　行为学语义启动和 ERP 技术

作为人类最重要的认知能力之一,语言是一项复杂的神经认知活动。输入的语言是一个连贯的信息流,而语言理解是一个即时且几乎无意识地将输入的信息解码为相对分离而又有序的(语音的、语义的、结构的,等等)单位,继而又迅速把这些单位整合为一个连贯的有意义的整体的过程。这一整合过程通常耗时不超过一秒钟(常欣,2009)。心理语言学家致力于揭示实时语言(句子)理解的神经心理学机制。

1.6.1　行为学语义启动范式

行为学实验通过让被试完成与研究问题相关的任务(如按键)来收集反应时和正确率等数据;通过这些数据,研究者可以推测神经加工过程的速度和难度。在语义启动范式中,(词汇判断)反应时被用来探测读者在句子加工过程中大脑所建立的连接,以此来推测在句子加工的某特定阶段大脑正在处理的结构或单位,从而获知大脑正在进行哪一(语言)层面的加工(Nicol & Pickering, 1993)。

启动效应(priming effect)是属于心理学范畴,指启动刺激对目标刺激的正性的或负性的影响;其影响取决于二者之间的关系。在语义启动范式中,通常让被试阅读或者听包含或作为启动刺激的句子或词,同时对目标词完成一项词汇选择任务。研究证明,如果启动词与目标词之间有较强的语义联系,则被试能以较快的速度完成词汇选择任务(Meyer & Schvaneveldt, 1971)。

语义启动范式被广泛地用来研究句子理解中的词汇加工(Swinney, 1979；Tanenhaus, Leiman & Swidenberg, 1979；等);研究者(Nicol & Swinney, 1989；Swinney, Ford & Bresnan, 1989；等)也用这一技术研究了句子成分之间语义或句法关系的建立。研究表明,句子中两个成分(如代词与其先行词)之间语义关系的建立会使前一个成分(的相关语义特征)被重新激活(Nicol & Pickering, 1993)。根据语义自动激活原则(Neely, 1991),如果启动刺激与目标刺激之间存在语义联系,那么对目标刺激的反应时就反映了启动刺激的激活程度。

语义启动范式非常适用于探测语言加工某一阶段的结果。所以在本书的行为学研究部分采用了语义启动范式来探测语境操纵下"自己"回指加工不同阶段的特征和粗略时间进程。但是,行为学方法有其局限性。比如,行为学方法仅能通过反应时、正确率这样的单维数据来观察语言加工某阶段的最终结果,并不能精确地探测即时连续的语言加工过程。此外,行为学数据是通过被试有意识地完成任务来获取的间接信息,无法用其观察快速无意识的句子理解过程。

1.6.2　ERP 研究方法

随着神经认知科学的发展,能够更加直观地观测大脑活动的研究手段被运用于探测神经过程。例如,功能核磁共振(FMRI,Functional Magnetic Resonance Imaging)技术具有高空间分辨率,能够有效地定位某神经活动中被激活的大脑区域,而 ERP 技术具有以毫秒计的高时间敏感度,能够即时连续地探测某神经活动的整个过程。

神经元通过错综复杂的电生理信号来建立连接。ERP 方法通过从头皮上记录大脑电位(脑电)来连贯地探测大脑皮层中神经元突触的活动。大脑对于一个刺激或事件的脑电反应就叫作"事件相关脑电位"(ERP)。然而,单一的脑电信号极为微弱,难以观测,因此要用多个同类事件刺激多位被试,将多位被试由多个同类事件诱发的 ERP 数据经过一系列的处理,得到可观察的与特别事件相关的总平均 ERP 波形(Luck,2005)。当刺激事件以一个变量为基准分为两个或多个事件类型时,脑电的变化就反映了这一变量的不同水平对事件的影响(Harris,Wexler & Holcomb,2000)。对不同事件类型的脑电分别进行叠加平均,就得到与此事件相关的 ERP 总平均波形图。

ERPs 可以被描述为不同系列的 ERP 成分。ERP 技术的早期研究和运用者发现了一些经典的 ERP 成分,这些成分起始的时间(潜伏期)和正负极性都不相同。早期研究者所运用的研究方法对后人的研究有很大的指导意义。在研究中,通常通过极性、波幅、潜伏期、脑区分布、对刺激类型的敏感度等指标来识别和衡量 ERP 成分。例如,一个波峰出现在刺激后约 300 毫秒左右,(通常)分布在后脑区,其波幅与加工某刺激过程中所耗费的注意资源成正相关的正性波(Strayer & Kramer,1990),通常被识别为 P300 成分。一个 ERP 成分的波幅通常反映大脑活动的强度或大脑被激活的程度;ERP 成分的潜伏期通常反映某神经过程的速度及其时间演化;通常,每个成分都有其诱发机制,对某种(类)刺激特别敏感,分布于相对固定的脑区。

一些 ERP 成分被证明与特定的认知过程或刺激类型相关,通过这些 ERP 指标(成分)我们可以具体地观测某些神经认知过程。根据起始时间的不同,ERP 成分被分为两类:第一类成分与外源性感知或感知觉相关,发生在刺激后 200 毫秒以内,通常受刺激的物理属性(如强度、类别、频率等)的影响,这类成分包括如 N100(N1)、P100(P1)和 N170 等;第二类成分与内源性感知相关,发生在刺激 200 毫秒以后,反映深层的认知过程,如决策和记忆更新,这类成分包括 P300、N400 和 P600 等。内源性成分既可以由(被试在完成外显任务时的)主动心理活动诱发,也可以由自动加工诱发(Coles, Gratton & Fabiani, 1990)。

由于其以毫秒计的高时间分辨率,ERP 方法尤其适合用来探测高速而连续的语言加工过程,而且,ERP 方法可以直接记录大脑皮层活动,而不依赖外部实验任务,因此能够探测语言的自动加工。在与语言相关的 ERP 研究中,被讨论最多的成分便是 N400 和 P600。N400 是一个波峰出现在刺激后约 300 到 500 毫秒的中央顶部负波,被认为是反映了将一个词语整合进一个语义或语篇表征的难度,是语义加工机制的 ERP 指标(Kutas & Hillyard, 1980;Van Petten & Kutas, 1990),其波幅与语义整合难度成正比。P600 也被称作句法正漂移(SPS, syntactic positive shift),是一个潜伏期在 500 到 1 200 毫秒的后脑区正波,其与广泛的句法违反(如短语结构违反、次范畴化违反、语法一致的违反)和句法整合难度(如花园路径句和歧义句法结构)相关,被认为是句法加工机制的 ERP 指标(Nevill et al., 1991;Osterhout & Holcomb, 1992;Friederici, Hahne & Saddy, 2002;Hagoort, 2003),其波幅与句法整合难度成正比。此外,语言加工中注意资源的调配通常表现为 P300 成分的变化(Donchin & Colse, 1998;Polich, 2007),P300 是一个波峰大约出现在刺激后 300 毫秒的正波。例如,Heine 等(2006)的研究发现回指低频先行词的回指语比回指高频先行词的回指语诱发了更大的 P300,被认为是凸显的语篇成分调用了更多的注意资源。Li & Zhou(2010)在对动词语义操纵下的"自己"回指 ERP 研究中,发现回指长距离先行词的"自己"比回指短距离先行词的"自己"诱发了更大的 P300,研究者认为这说明长距离"自己"回指比短距离回指调用了更多的注意加工资源。

其他与语言加工相关的 ERP 成分还包括 LPN(lexical processing negativity,词汇加工负波,也被称作 frequency-sensitive negativity/词频负波,其波幅大小与词频相关)、LAN(left anterior negativity,左前负波,与词类违反

和形态句法违反相关），CEN（clause-ending negativity，句尾负波，指出现在句尾的负性慢电位），等等。

1.7 语境的界定

在《牛津英语辞典》（第二版）（1989）中，"语境"（名词）一词的定义是：①词或句子的组织，演讲或文章的结构；②篇章中相互联系的结构，一个由相互联系的部分组成的连贯的语篇；③语篇中部分之间的联系或连贯；④语篇前面或紧跟语篇的、影响语篇意义的部分。在《朗文英语词典》（1984）中，"语境"（名词）一词被定义为：①语篇中，在一个词或段落周围的影响其意义的部分；②某事物发生或存在的相互联系（网络），环境。

在语言学研究中，伦敦学派的学者从社会的视角研究意义，对语境非常关注。Malinowski 是较早将语境因素引入语言学研究的学者之一。他在巴布亚新几内亚独立国的特罗布兰德群岛做田野调查时发现，脱离语言发生的具体语境，根本不可能理解土著居民的语言。Malinowski 认为，理解语篇中的某个词语离不开情景语境，一个语篇的意义无法单纯从组成语篇的词语中获取，而是要考虑这些词语在情景语境中的关系。他区分了三类情景语境：①言语和身体语言交互的情景语境；②叙事情景，包括叙事活动发生时的情景和叙事者所指的情景；③交际性谈话/寒暄，指在社交中使用的自由的无目的的语言。我们可以看出，Malinowski 的"情景语境"概念实际上既包括了"语言活动发生的具体环境"又包括了"语言活动的社会和文化环境"。1935 年，Malinowski 提出了"文化语境"的概念，指语言活动发生的整个文化环境。至此，Malinowski 的"语境"概念包含两部分的含义，即"语言环境"和"情景语境中的意义功能"（胡壮麟、朱永生、张德禄、李战子，2008）。

Firth（1957）继承和发展了 Malinowski 关于语境的研究。他认为意义是一种使用功能，他将意义定义为（任何层面）语言元素之间的关系和那一层面上的语境。Firth 在不同的层面上讨论了意义，包括语音、词汇、语义、语法（形态学和句法）和情景语境等。Firth 认为，情景语境不仅包含语言发生时的环境，而且包含了语言的整个文化背景和参与者的个人历史背景。他认识到句子是复杂多变的，因此使用了"典型情景语境"的概念，这一概念限定了典型情景语境的数量，这样社会情景就能规定语言参与者的社会角色。Firth 提出，在对典型情景语境的分析时，要关注四个层面：①语言元素之间的组合关系；

②系统中的聚合关系,这两个层面属于语篇内部关系;③语篇与非语言元素之间的关系;④语篇内部元素的分析关系,这两个层面属于情景语境的内部关系。Firth 的"情景语境"概念实际上包含了"情景语境"和"社会语境"的含义。

语境是系统功能语言学的重要范畴之一。根据系统功能理论,语境决定了将要表达的意义和表达这种意义所使用的语言。在系统功能语法中,两个概念与语境密切相关,即语域和语类。语域是语言的功能变体,是由情景语境决定的语言形式。语域有三个社会变体:语场(field)、语旨(tenor)和语式(mode)。语类与文化语境密切相关。Hason(1978)将语类定义为"语篇的类型";Martin(1992)将语类定义为"说话者作为某文化团体的一员而进行的有阶段、有目的的行动";Eggins(1994)指出有多少种社会活动就有多少种语类。

从功能语言学的视角来看,本书所涉及的回指语境属于情景语境。然而,系统功能语言学的"情景语境"概念涉及许多语言外的因素(如语场、语旨和语式)。本书从语言内部的角度将其限定为"上下文语境",具体来说,指出现在某语篇之前或之后,决定其意义的部分。本书的主要研究对象为回指,本书中涉及的语境指出现在"自己"回指句的前面,影响或决定其意义的部分(语境句)。

1.8　本书结构

本书共分六章。

第 1 章为绪论,概述语言回指现象和汉语(简单)反身代词"自己"回指现象及其基本研究现状,明确研究目标和研究思路,介绍行为学语义启动范式和 ERP 两种研究手段,界定"语境"在本研究中的所指范畴。最后,介绍全书的章节安排。

第 2 章为文献综述,包括两部分:第一部分详细回顾了关于"自己"回指的理论研究,包括句法模式、非句法模式和综合解释模式,并讨论了每种理论模式的特点和存在的问题;第二部分详细梳理了关于回指的生理心理学研究,包括关于(无语境条件下)汉语反身代词"自己"回指的生理心理学研究。

第 3 章和第 4 章分别报告语境影响下"自己"回指加工的语义启动行为学研究和 ERP 研究。每一项作为独立的研究陈述其研究背景、研究方法和结果,并展开讨论。

第 5 章综合本书行为学和 ERP 研究的结果,对语境影响下"自己"回指加工的时间进程进行了理论表述,并结合实证研究的结果讨论相关语言学理论问题。

　　第 6 章总结本书的研究。主要阐述了研究的发现以及研究的不足之处,另外,也对下一步研究做了展望。

第2章
文献综述

2.1 "自己"回指的理论研究

汉语(简单)反身代词"自己"与英语等西方语言中的反身代词在句法分布和指称等方面有很大的差别(Huang 1984；Tang 1985,1989)，例如，英语反身代词只能在局部句法域内回指局部先行语，而汉语(简单)反身代词"自己"既可以回指局部句法域内的局部先行语,也可以回指局部句法域外的长距离先行语,似乎在寻求先行语时不受(管约理论 A 原则的)句法约束的限制。另外,"自己"在寻求先行语时表现出的"主语倾向性"(subject orientation)和"自己"长距离回指的"阻隔效应"(block effect)使得"自己"的约束问题成了一个剪不断理还乱的难题(胡建华,1998)。

"自己"回指的主语倾向性指"自己"倾向于选择某句法层面上的主语作先行语(Huang,1982；Mohanan,1982)的语言现象,而英语反身代词在选择回指语时不受先行语句法位置的影响。例如,在英语句子例[2.1]中,反身代词"herself"指代宾语"Mary",而在其汉语对等句例[2.2]中,反身代词"自己"倾向于指代主语"约翰"。又如在例句[2.3]中,反身代词"自己"倾向于回指主语"老李"。徐烈炯(1992)认为,主语倾向性既不绝对,也不是本质性的,在大多数汉语常用句型中都有反例。在汉语的"把"字句和"被"字句中,介词宾语就经常担当"自己"的先行语。例如,在例句[2.4]和[2.5]中,反身代词"自己"的回指语分别是介词宾语"我们"和"小李"。

[2.1] John gave Mary a picture of herself.
[2.2] 约翰送给玛丽一张自己的照片。

[2.3] 老李不愿意同小王谈自己。

[2.4] 他一直被我们当作自己的榜样。

[2.5] 小张把小李关在了自己的屋里。

"自己"长距离回指的阻断效应是指：只有当介于"自己"和长距离先行语之间的（从句）主语与长距离先行语在人称特征上一致时，长距离回指才能发生，否则，如果介于两者之间的（从句）主语在人称特征上与长距离先行语不一致，"自己"长距离回指便被阻断（Y. H. Huang, 1984；Tang, 1985, 1989）。如例句[2.6]，大主语"我"不能成为"自己"的先行词，因为"我"与局部主语"你"在人称上不一致。相反的例子如[2.7]，大主语"张三"可以成为"自己"的先行词，因为"张三"与小主语"李四"在人称上一致。除了以上的例子，也有研究发现，介入"自己"和长距离先行语之间的具有不同人称特征的次统治名词短语（Huang & Tang, 1991）以及直接宾语和间接格（Xue, Pollard, & Sag, 1994）也可导致阻断效应。潘海华（1997, 2001）在大规模语料分析的基础上指出，阻隔效应具有非对称性，即第一/第二人称主语可以阻断第三人称主语对"自己"的长距离约束，但是第三人称主语未必能阻断第一/第二人称主语。他进一步限定了阻隔效应发生的情况，他认为只有当长距离先行词和"自己"之间插入的主语是第一、第二人称代词时，会阻隔长距离回指，而且，这些插入的代词不仅仅作为主语，它们在执行其他的语法功能时，也会产生阻断效应。

[2.6] 我觉得你对自己没有信心。

I think you have no confidence in yourself/ * me.

[2.7] 张三知道李四对自己没信心。

Zhangsan knows that Lisi has no confidence in him/himself.

（潘海华, 2001）

值得注意的是，在"自己"回指中，无论是主语倾向性还是阻隔效应，大都发生在无语境的条件下，对二者的研究也都是在无语境的条件下进行的。关于有语境条件下"自己"回指的主语倾向性和阻隔效应需要进一步研究。特殊的汉语"自己"回指现象引起了语言学界的广泛关注，关于什么因素决定"自己"回指这一问题一直存在着理论争论。早期主要有相对立的两种"自己"回指的理论解释模式，即"句法学派"和"非句法学派"（Hu, 1998）。其理论争论的焦点主要在于"自己"回指能否完全脱离句法因素，尤其是管辖约束理论

(Norm Chomsky，1981,1986)A 原则的限制。后期有学者提出,综合解释模式（包括句法、语义、语用、语篇等因素）才能解决"自己"回指问题（Pollard & Xue，1998,2001；胡建华 & 潘海华,2002；Koornneef，2008）。本章将回顾"自己"回指的理论研究,并总结不同理论模式的特点和存在的问题。

2.1.1 "自己"回指的句法研究

"自己"回指理论研究的句法学派试图从纯句法学的角度,尤其是在管辖约束理论框架下（Norm Chomsky，1981,1986）来解释反身代词"自己"与其先行词之间的关系。遵循这一模式的学者认为,"建立句子心理表征的唯一途径是句法加工"（Alec Marantz，2000）,"自己"的指称绝对不会脱离 A 原则的句法限制（Jan Koster & Eric J. Reuland，1991）。"自己"指称研究的严格句法学派将所有能够长距离回指的反身代词纳入管约理论的框架,试图通过修改乔姆斯基(1981,1986)的管约理论来解释"自己"的长距离回指（Huang & Liu，2001）。关于"自己"回指的句法理论（解释模式）主要包括：照应指代词（anaphoric pronoun）分析法（Mohanan，1982；Wang & Stillings，1984）、参数化（parameterization）分析法（Yang，1983；Manzini & Wexler，1987）、逻辑式移位（LF movement）分析法（Lebeaux 1983；Pica，1985,1987；Chomsky 1986）、相对化主语（relativized subject）分析法（Progovac，1991,1992；Progovac & Frank 1992）和 Giorgi（2006,2007）的时间投射（temporal anchoring）理论,等等。本小节将回顾这些"自己"回指的句法理论。

2.1.1.1 照应指代词分析法

一些学者（如：Mohanan，1982；Wang & Stillings，1984）认为"自己"不属于管辖约束理论（Norm Chomsky，1981,1986）A、B、C 三个原则中所界定的照应语、指代语和指称语中的任何一种,而是应该属于新的一类名词,他们称之为照应指代词 PRO,照应指代词同时具有[＋照应语,＋指代语]的特征。与汉语反身代词"自己"性质相同的这类照应指代词还有日语的反身代词 zibun和韩语的反身代词 caki。他们认为需要建立一条新的管约理论 D 原则来说明"自己"这类照应指代词的释义,根据这一原则,"自己"要在根句（root clause）主语所支配的整个语类中受约束。虽然照应指代词分析法似乎说明了"自己"在指称上的一些重要特征,但是,正如 Chen(1992)和 Huang(1994)所指出的,这一分析法有着严重的理论内部问题。按照照应指代词[＋照应语,＋指代语]的特征组成,它既有照应语的特征,又有代名词的特征,那么,它应该既遵循管约理论 A 原则的规定,又遵循管约理论 B 原则的规定。这就是说,照应指代词"自己"需要满足一种相互矛盾的要求,它必须在它的管辖语域内既受约束又有自由。此外,这一分析法在实际分析中也有缺陷,如它不能预测,也不能解释"自己"回指中的主语倾向性和长距离"自己"回指的阻隔效应(转引自胡建华,1998)。

2.1.1.2 参数化分析法

Manzini & Wexler(1987)、Yang(1983)等一些学者认为,管辖语域的概念可以通过一则子集原则(subset principle)来参数化。Manzini & Wexler(1987)所定义的管辖语域具有如下 5 个参数值:

γ 是 α 的管辖语域,当且仅当 γ 是包含 α 以及一个 α 的管辖成分(governor)的最小语类,并且有

a. 一个主语,或者

b. 一个 INFL,或者

c. 一个时态(tense),或者

d. 一个指称(referential)时态,或者

e. 一个根句(root)时态。

Manzini & Wexler 认为不同语言的反身代词可以选择不同的参数值来定义其管辖语域。英语反身代词的管辖语域由参数 a 决定,而汉语反身代词"自己"的管辖语域则由参数 e 决定。也就是说,"自己"的管辖语域是任何一个包含"自己"、"自己"的管辖成分以及一个根句时态的最小语类。

参数化分析法有着难以克服的问题,如 Kang(1998),Battistella & Xu(1990),Huang(1994)等学者指出,根据这一分析法,所有成分统治(c-command)"自己"的 NP 都可以作"自己"的先行语,因此宾语也可以约束"自己",于是这一分析方法无法说明"自己"在寻求先行语时所表现出的主语倾向性。此外,这一分析方法也无法解释"自己"长距离回指的阻隔效应(转引自胡建华,1998)。

2.1.1.3 逻辑式移位分析法

Lebeaux(1983),Chomsky(1986)和 Pica(1985,1987)等学者认为,"自己"的长距离约束是"自己"在抽象的逻辑式层次上进行隐性的(covert)层级(cyclic)移位的结果,由此"自己"与(长距离)先行语之间的关系仍然是局部约束关系。

Battistella(1989)把复合反身代词分析为完整 NP,把简单反身代词分析为

N^0。因为 N^0"自己"是一个中心语（head），而从 INFL 到 INFL 的移位是一种从中心语到中心语的移位，他认为"自己"可以在逻辑式中移入 INFL，然后再从 INFL 到 INFL 进行连续的层级（successive-cyclic）移位。如此，便可以将"自己"的长距离约束解释为从 INFL 到 INFL 移位的结果，而主语倾向性则可以解释为是主语需要与中心语 INFL（中的 AGR）保持一致的结果。根据 Battistella（1989），"自己"长距离回指的阻隔效应是由于"自己"在 INFL 留下的所有语迹（trace）以及移位的"自己"本身都必须与其局部先行词保持语法特征的一致，而且所有的语迹都必须与移位的"自己"同标（coindexed），所有的局部和非局部先行语都必须在人称和数的范畴上保持一致。

Cole，Hermon 和 Sung（1990）认为"自己"的中心语位移要遵循空语类原则（empty category principle）。他们在 Battistella（1989）的基础上把"自己"长距离约束现象分析为是"自己"在逻辑式中从 INFL 向 COMP 再向 INFL 移位的结果。Cole 等（1990）提出，汉语和英语之间的一个重要区别就是汉语的 INFL 是词汇性的（lexical），而英语的 INFL 则是功能性的（functional）。词汇性的 INFL 可以词汇标记（L_mark）VP 和 CP，所以 VP 与 CP 在汉语中不构成障碍，使得"自己"可以在逻辑式中移位。

根据 Huang & Tang（1991），"自己"的逻辑式移位是一种通过 IP 嫁接（IP_adjunction）来实现的非主目语移位（A'_movement）。在 Huang & Tang（1991）的分析中，简单反身代词"自己"和复合反身代词"自己"都通过 IP 嫁接来进行逻辑式移位，这就解决了 Battistella（1989）等的 INFL 移位中存在的无法解释复合反身代词不能在逻辑式中进行连续层级移位的问题。他们指出，所有 NP 都必须既有人称、数和性的特征，又有指称特征。在他们的理论里，人称、数和性的特征优于指称特征，也就是说一个 NP 要先被指派给人称、数和性的特征标引后，才能被指派给指称标引。因此，约束理论要先在 S 结构中运用一次，然后再在逻辑式中运用一次，因为"自己"的指称标引直到逻辑式才能确定，所以便有了长距离约束的可能性。为了说明长距离回指的阻断效应，Huang & Tang（1991）指出，IP 嫁接必须是一种连续的层级移位，它要求"自己"在每一个嫁接位置直接受到其管辖语域内一个 NP 的约束。

正如胡建华（1998）所指出的，逻辑式移位说非常诱人，但它也有不足之处。例如，根据 Battistella（1989）和 Cole 等（1990）的中心语移位说，"自己"长距离约束中的阻断效应是由与主语同标的 INFL 中的人称特征不一致造成的。然而，长距离"自己"回指的潜在阻断成分不仅包括成分统治它的局部主语，还包括次统治成分（sub_commander）和作为感受者的非主语。

2.1.1.4　相对化主语分析法

相对化主语分析法是一种非移位理论。Progovac（1991，1992）和 Progovac & Frank（1992）用相对化主语的概念修正了乔姆斯基的管约理论 A 原则：在对管辖语域的定义中，X^0（简单形式）反身代词的主语是 X^0（即 AGR），而 XP（复合形式）反身代词的主语则是 XP。根据相对化主语分析法，AGR 可以与句中其他的 AGR 节点形成语链（chain）。Progovac（1991，1992）提出：尽管汉语没有形态上的 AGR，但它具有抽象的照应性（anaphoric）AGR；正是汉语 AGR 在形态上的虚空性（emptiness）使得它具有了照应性，从而与更高层次的 AGR 形成同标关系。如果某一语言中的 AGR 是照应性的（如汉语），那么句子中所有的 AGR 便会形成同标的语链，这时主语便是整个的 AGR 语链，于是 X^0（简单形式）反身代词的管辖语域便扩展到了根句，从而使 X^0（简单形式）反身代词可以接受长距离约束。Tang（1994）进一步发展了相对化主语分析法。她提出：所有的功能性（functional）中心语（不仅包括 AGR，还包括 MOD/modifier 等）如果有着共同的照应性特征，都可以进入同标的照应语语链；如果某一功能性中心语不具有共同的照应性特征，则 X^0（简单形式）反身代词的长距离约束可能会被阻断。相对化主语分析法存在的问题是，在实际的语言使用中，有些例子，尽管其句中与主语同标的 AGR 不具有共同的照应性特征，但是"自己"长距离约束没有被阻断（Cole & Wang，1996；Pan，1997）。

2.1.1.5　Giorgi 的时间投射理论

除了以上传统的解释"自己"回指现象的句法理论模式，Giorgi（2006，2007）采用了时间投射（temporal anchoring）的句法概念来解释语言中的长距离回指语，包括受长距离约束的汉语反身代词"自己"。Giorgi（2006）认为，决定事件在表层结构上的时间位置/定位（temporal location）的形态句法特征，即时态顺序（sequence of tense），也能为回指语寻求长距离先行语提供可能性。也就是说，时态顺序或时间投射与回指语受长距离约束，是同一个小句语法特征的两个方面。基于以上思路，Giorgi（2006）提出了长距离约束理论（principle of long-distance anaphoric binding）：

　　a.　一个长距离回指语预示着一个未被填充的句法位置；

　　b.　这一位置可以由一个并行论元（co-argument）填充；

　　c.　或者由持有这一特征的语言单位（bearer of the attitude）填充。

长距离约束理论基于 Giorgi（2006，2007）的两个假设。第一个假设是，长距离回指语预示着未被填充的句法位置，即没有被任何论元（argument）填充的题元位置（theta-position），而这一位置可以通过与先行语的题元识别相关的派生过程来填充。由此,长距离回指语被当作论元来对待。Giorgi 指出长距离回指语并非通过寻求先行语来对自身进行界定,而是通过题元识别(theta-identification)来对自身进行界定,长距离回指语代表着语言标识置空的句法位置的方式。通过题元识别来填充空置的句法位置是一个局部(local)过程,通过成分统治(c-command)得以实现。能够始终保持空置而不被填充的句法位置是不定式小句的句法主语位置 PRO,因为它没有被赋予格的语法范畴,而只有不遵循管约理论 A 原则的回指语才能预示未被填充的句法位置。这给了长距离回指语,包括汉语反身代词"自己",一个很好的解释。

第二个假设是,回指语可以用对言语进行时间解释——解释某特征持有(语言)单位的句法表征和说话者坐标(二者都由嵌入小句来表征)——所需的相同的句法机制来解释。特征持有(语言)单位的句法表征和说话者坐标被 Giorgi & Pianesi(2001a,2004a,b)认为是决定双通道阅读效应(double access reading effects,简写为 DAR)的重要因素。DAR 效应指在如意大利语和英语这样的语言中,嵌入的现在时态(如同嵌入的过去时态和将来时态一样)能同时表达主句事件(即"被述说"的事件/"saying" episode)和言语事件发生的时间。如在例句[2.8]中,玛丽亚怀孕(Maria is pregnant)的状态必须从杰尼述说这件事的时间点延续到现在的时间点,即这一状态必须在两个时间点上都成立。

[2.8] Gianni said that Maria is pregnant.
杰尼说玛丽亚怀孕了。

但是 DAR 效应在汉语、日语和俄语等语言中不成立。Giorgi & Pianesi(2001a,2004a,b)提出,在这些语言中使得时间解释能够成立的解释逻辑形式(interpreted logical form,ILF)(Larson & Segal,1995)既包含说话者的时间坐标,又包含特征持有(语言)单位的坐标——在大部分情况下是上一级的主语(superordinate subject)。根据 Larson & Segal(1995)的观点,逻辑形式不是简单地被建立,然后投射到并未分类的解释模块上,而是在其被建立的时候就已经得到解释了,而且这是一个循环模式。Giorgi(2006)研究逻辑形式的概念与 Norm Chomsky(1995)的接口(interface)这一概念有着紧密的联系。关于持有某特征的语言单位的坐标,Giorgi & Pianesi 遵循 Higginbotham(1995)的观点,认为通过时态,思想的内容会为事件提供参照,由此,(句子的)主要事件(matrix episode)必须通过嵌入小句(即分句,embedded clause)来表征。根据 Giorgi & Pianesi,将被嵌入的事件向主要事件的时间投射意味着分句(嵌入小句)的 ILF 逻辑形式要既包含分句(嵌入小句)的事件又包含主句(embedding clause)的事件。从句法角度来讲,上级主语的时间坐标出现在低一级的 T(在虚拟语气的情况下为 MOOD/语气)投射中。关于说话者的时间坐标,Giorgi & Pianesi(1997,2004b)根据嵌入小句(分句)必须要区分的两种补语,构建了一个分裂-补语模型(split-C framework):低一级的叫作 MOOD(语气),与被嵌入的虚拟动词相关;高一级的叫作 C,通常与陈述动词形式同时出现。高级的 C 与说话者坐标相关。

Giorgi(2006)认为特征持有(语言)单位和说话者坐标都呈现在嵌入小句(分句)中。当补语从句包含陈述动词形式时,特征持有(语言)单位的解释特征便呈现在 T 中,而说话者坐标则呈现在 C 中。在虚拟语气的补语从句中,特征持有(语言)单位——在此种情况下,说话者不出现——呈现在语气(MOOD-P)中。这些特征都被复制在构建句子的融合/活动(merge/move)过程中,由动词形式启动。在如意大利语这样的语言中,这些特征在嵌入小句(分句)的时间解释中起核心作用,通常出现时态顺序现象(sequence of tense phenomena)。此外,Giorgi(2006)认为,这样的解释在汉语中也成立,尽管在汉语中嵌入小句的时间解释不能通过动词形态获得。

汉语时态顺序的特征与意大利语和英语等语言时态顺序的特征有很大差别。汉语缺少标识时态的形态手段,它用动态助词词素(aspectual morphemes)来标识时态,但是这只能衍生地存在于时间解释中。此外,在复杂的汉语句子中,不同的事件之间会(根据情节的发展)自动排序(Giorgi,2006)。Lin(2003)指出,汉语中从句的时间参考很大程度上依赖于主句动词的语义,而 Giorgi(2006)认为,在所有语言中都存在向主句动词的投射。根据 Giorgi & Pianesi(1997,2004b)的方案,将补语从句向更高一层句子的投射是普遍语法(universal grammar)的必然要求。因为汉语是非 DAR 语言,所以嵌入小句(分句)和言语时间的关系并非通过语言直接提供。

Giorgi(2006)认为,当说话者坐标以句法的形式呈现在小句中时,动词性(如在意大利语中)或名词性(如在汉语中)的长距离回指阻隔效应就会发生。其深层的机理在于当用现实世界(的知识)来评估(言语)事件时,所有的句法位置都会被填充。根据 Giorgi(2006)的观点,当且仅当一个定位在说话者坐标中的(言语)事件(的句法位置)被填充时,长距离回指的阻隔效应才会成立。Giorgi 进一步推断,因为在汉语这样的语言中,没有明显的 DAR,所以不会发生基于 DAR 的阻隔效应。但是,在汉语这样的语言中,当说话者以类似于 DAR 的形式出现在嵌入小句中时,长距离回指的阻隔效应就有可能发生。

2.1.1.6 国内关于"自己"回指的句法研究

以上关于"自己"回指的句法解释模式大都是国外的语言学家提出并发展的。国内的语言学家也对"自己"回指现象进行了相关的句法研究,但大部分是介绍和评价性的工作。

程工(1994)评述了"自己"指称用法的相关理论,并指出了目前理论研究存在的难题。胡建华(1995,1998)提出假设:在深层结构(D-structure)中的"自己"是一种零回指语(zero anaphor),因此受长距离约束的"自己"不受管约理论的限制;"自己"长距离约束是述谓结构(predication structure)扩展的结果。胡建华(1998)对关于"自己"回指的主要(国外)句法理论模式进行了述评,并指出这些理论模式都无法完整地解释"自己"长距离回指现象。刘道英(1999)尝试在管辖约束理论的框架下解释汉语的人称关系(person relations),以验证管约理论三个原则在不同语言中的普遍适用性。关于"自己"长距离约束这一问题,邱丹艳(2001)提出了最优化先行词(optimized antecedent)和最优化先行词序列(sequence of optimized antecedent)的假设。张宁(2002)对英、汉反身代词的用法进行了对比研究。仰鑫(2003)研究了汉语简单反身代词和复合反身代词的长距离约束,并尝试通过精确描述汉语的各种因素来验证管约理论A原则对汉语反身代词的适用性。李京廉(2004)介绍了国外关于"自己"长距离回指阻隔效应的研究,并提出对阻隔效应的解释应该综合考虑句法、语用和语义等多种因素。胡承佼(2005)提出,指称功能是"自己"的基本功能,包括局部指称功能和长距离指称功能,而明显的(emphatic)和一般的(generic)"自己"具有局部指称功能。基于对英、汉反身代词的对比研究,那洪伟(2006)证实了管辖约束理论对不同语言的普遍适用性,并指出不同语言的反身代词均受句法约束。在最简方案(Minimalist Program)(Norm Chomsky,1995)的框架下,叶素贞(2008)将(特征)核查理论(checking theory)运用于对"自己"回指现象的解释。

2.1.1.7 "自己"回指的句法研究简评

通过回顾"自己"回指的句法解释模式可以看出:句法学派试图从纯句法学的角度,尤其是在管辖约束理论框架下(Norm Chomsky,1981,1986)解释反身代词"自己"与其先行词之间的关系;这些严格的句法解释模式大都将长距离回指的反身代词看作是符合A原则的回指语,并试图通过修改管辖约束理论来解决"自己"长距离回指的问题(Huang & Liu,2001)。但是,这些句法解释模式大都存在理论缺陷或在实际语言分析的操作中存在问题。到目前为止,还没有一种句法理论能够完整地解释"自己"(长距离)回指现象(胡建华,

2008)。其中,最突出的就是"自己"回指的主语倾向性和长距离回指的阻隔效应这对矛盾。胡建华(2008)提出了具有启发性的假设:"自己"回指不是一个简单的句法问题;句法的功能也不仅仅在于限制语言的变式(variation),还在于为语言的多种形式提供可能性;非句法因素,如语用和功能等因素,可能也在解决"自己"回指问题中起重要作用。

2.1.2 "自己"回指的非句法研究

与句法学派相反,关于"自己"回指的非句法理论学派认为,任何从管辖约束框架发展而来的理论都不能对"自己"回指的属性作出正确预测,"自己"回指能够完全脱离句法的限制(Huang,1994)。他们提出了关于"自己"回指的非句法理论(胡建华,潘海华,2002),非句法理论主要包括功能的方法(Chen Ping,1992)、语用的方法(新格莱斯主义理论)(Huang,1991,1994)、语义分析法(题元等级理论)(Xu Liejiong,1993,1994)、自我归属理论(Pan,1995,1997,2001)、语篇视角(Clements,1975;Sells,1987;Reinhart & Reuland,1991,1993;Yu,1991;Yan Huang,1994;Kuno,1987;Barker,1995,Pollard & Xue,2001)、动词中心论(金钟镐,2003)、认知视角(回指可及性理论)等。本节将回顾这些"自己"回指的非句法理论。

2.1.2.1 功能分析法

Kuno(1987)在其功能句法理论(functional syntax theory)中讨论了反身代词的特殊功能。根据 Kuno(1987)的观点,反身代词的使用或出现强调了施事者的存在,换句话说,反身代词的使用或出现强调了具有确切身份(definite identity)的先行词所指对象的存在。例如,在例句[2.9]和[2.10]中,代词"他"(him)和反身代词"自己"(himself)都能在句子中实现互指,但是反身代词"自己"强调动作的受试是施事者本人。

[2.9] John pulled the blanket over him.
约翰拉起毯子盖在他身上。

[2.10] John pulled the blanket over himself.
约翰拉起毯子盖在自己身上。

此外,Kuno(1987)指出,反身代词的使用通常意味着其先行词在句子中占据凸显的句法位置。

Chen(1992)从功能的视角来研究"自己"。他提出在理解汉语反身代词

"自己"时,起关键作用的不是"自己"与先行语之间的句法结构关系,而是先行语在语句中所表现出来的基点度(pivot)和高主题性(high topicality)。基点度原是一个物理学术语,指的是中心。在语言研究中,Sell(1987)用它指言语表达时的时-空基准:如果某人以玛丽的基点度进行叙述,那么这个人便被认为是站在玛丽的位置上。主题性指的是指称对象作为评述(comment)的主题所具有的值,即指称对象可以担当起被评述的主题的因素。Chen(1992)指出,基点度和主题性是调节"自己"释义的两个基本因素。一个指称对象想要成为"自己"的合格先行语,它必须是基点度,而且具有高主题性。根据 Chen(1992)的观点,所谓的主语倾向性实际上是一种主题性倾向性,因为在基本语句中一个典型的主语既是施事,又是一个具有高主题性的 NP。此外,如果一个指称对象具有较高的主题性,它不是主语也可以作"自己"的先行语。Chen(1992)对"自己"的功能分析为解决"自己"回指问题提供了一个新的视角,但是他的研究也存在难以解决的问题:第一,Chen 的主题性的概念过于泛化,所以其解释效力被限制;第二,关于"自己"长距离回指的阻隔效应,功能分析法与句法模式一样,都难以得出满意的解释。

2.1.2.2 语用分析法

Huang(1991,1994)认为,在如汉语这样的语言中,对反身代词的限制主要来自语用原则,语境在指称关系的建立中起关键作用。Huang(1991,1994)在新格莱斯理论(Neo-Gricean Theor)(Levinson,1987,1991)的基础上,提出了解释语言照应现象的纯语用学方法。他认为,对语言中照应语的解读取决于 DRP 与两个语用原则——I(信息)原则和 M(方式)原则——之间的交互作用。

DRP 是分指假设(Disjoint Reference Presumption)的英文缩写,根据 DRP,除非谓词的一个主目语是反身代词,否则谓词的主目语要分指。I 原则的内容是,(说话者)只提供为达到交流目的所需的最小极限的语言信息。M 原则的内容是,(说话者)不要无故使用冗长、隐晦或有标记的语言形式。Huang(1994)用 DRP、I 原则和 M 原则建立了一套照应语语用推导模式,其基本思路是,反身代词必定是指称依存的(referentially dependent),而代词和零型照应语只是倾向于指称依存的。根据 Huang(1991,1994)的研究,词汇性 NP(指称语)、反身代词、代词和零型照应语之间形成一种互补关系,在可以用代词或零型照应语的地方用了反身代词。根据 M 原则可以推导出,这时反身代词的使用正好具有与代词或零型照应语相联系的 I 含义互补的 M 含义。这一与 I 含义互补的 M 含义既可以是指称上的含义,又可以是与预期性(expectedness)有关的含义。

语言照应现象的语用学分析方法使得我们对指称现象的理解更加开放（高原，2003），但是它似乎不能解决"自己"回指问题，尤其是无法解释"自己"长距离约束的阻隔效应问题。此外，这一理论模式也存在着理论缺陷，如它不能解释不同语言中的反身代词在指称上有不同特点这一问题（胡建华，潘海华，2002）。

2.1.2.3 题元等级理论（语义研究）

Xu Liejiong(1993,1994)在 Hellan(1988,1991)等人研究的基础上提出了反身代词约束的题元等级（thematic hierarchy）理论。他认为，句法约束理论无法解决"自己"回指问题，在"自己"的约束中起作用的是题元角色（thematic roles）。根据这一理论，题元等级高的主目语（argument）即使不是主语也可以作反身代词的先行语。"自己"对先行语的选择遵循如下的题元等级：施事＞经事＞客体（theme）＞受事。Xu Liejiong(1993,1994)指出，一个 NP 如果满足两个条件之一便可以作"自己"的先行语：①在题元等级中具有高题元角色；或②除具备其他语义和语用条件外，是句法主语。反身代词总是选择最显著的 NP 作先行语，而成为显著 NP 的途径不止一个。

值得注意的是，根据 Xu Liejiong(1993,1994)的理论，是否能成为"自己"的先行语是由句法、语义和语用等多种因素决定的。胡建华，潘海华(2002)提出，这是解决"自己"回指问题的正确方向。

Xu Liejiong(1993,1994)的题元等级（thematic hierarchy）可以解决其他理论不能解决的一些问题，但是，由于题元等级的高低与人称无关，题元等级理论无法解释"自己"在寻求先行语时由于人称不一致而引发的阻断效应（胡建华，潘海华，2002）。

2.1.2.4 自我归属理论

潘海华（Pan，1995，1997，2001）认为，话语，尤其是自我归属（self-ascription）和话语显著（discourse prominence）的概念，在"自己"的释义中起着重要作用，他提出了汉语长距离反身代词的自我归属理论。

潘海华将汉语反身代词分为对比性（contrastive）反身代词和非对比性反身代词，非对比性反身代词又分为局部性（locality）反身代词和自我归属反身代词两种。潘海华认为，长距离反身代词属于自我归属反身代词。潘海华根据 Lewis(1979)的理论，把信念分为涉实信念、涉己信念和涉名信念：涉实信念是关于存在体的信念；涉己信念指的是对信念者自己的一种信念；涉名信念是对于某一命题的信念。潘海华指出，涉己信念对应于自我归属，一个自我归属者把一种特性归属于自己。由于第一、第二人称代词具有强制性涉己信息，所以第一、第二人称在涉己信念语境中是强制性自我归属者,而第三人称指人的 NP 在涉己信念语境中仅是任意性自我归属者。潘海华认为,长距离反身代词"自己"是涉己照应语,或称自我归属反身代词,其先行语必须是自我归属者。潘海华(Pan,1995,1997)提出以下解读自我归属反身代词"自己"的条件:

(1) 自我归属"自己"的条件:在一个语言区域(linguistic domain)γ 中,如果没有一个介入性的自我归属者的话,"自己"可以与 γ 中一个和它相容最显著的自我归属者形成约束关系。

(2) 显著性条件:α 是 γ 中最显著的自我归属者,当且仅当 γ 中没有一个 β 以至于 β 在以下的等级中比 α 高:
① 主语(SUBJ)＞宾语(OBJ)或间接格(OBLIQUE)
② 支配性(dominating)NP＞受支配(dominated)NP

自我归属理论可以有效地解释"自己"的长距离约束现象。如在例句[2.11]中,反身代词"自己"的约束域有两个,即主句和中间句。当"自己"指称主句主语"张三"时,主句主语和"自己"之间有一个介入性的自我归属者"李四"。根据自我归属理论,第三人称 NP 是任意性自我归属者,所以当中间句主语不起自我归属者的作用时,主句主语就可以作"自己"的先行语,当中间句主语是自我归属者时,中间句主语就是"自己"的先行语。

[2.11] 张三$_i$ 觉得你$_j$ 对自己$_{*i/j}$ 没信心。

自我归属理论还可以有效地解释"自己"长距离回指中阻隔效应的不对称现象。潘海华(1997,2001)在大规模语料分析的基础上指出,阻断效应具有非对称性,即第一/第二人称主语可以阻断第三人称主语对"自己"的长距离约束,但是第三人称主语未必能阻断第一/第二人称主语。如在例句[2.12]中,第一/第二人称代词"我/你"是强制性自我归属者,由于这一强制性自我归属者在主句主语和"自己"之间的干预作用,"自己"在指称主语时被阻断。在例句[2.13]中,主句主语是自我归属者,在主句主语和"自己"之间没有介入的自我归属者,所以主句主语可以作"自己"的先行语。

[2.12] 张三以为我/你喜欢自己。

[2.13] 我/你以为张三喜欢自己。

潘海华的自我归属理论对"自己"(长距离)指称问题有较强的解释力,对"自己"长距离回指的阻断效应也比以前的理论有更好的解释方案。但是,这一理论也有需要改进的地方:首先,潘海华(Pan,1995,1997)认为"自己"可以分为局部反身代词"自己"和长距离反身代词"自己",但是他并没有提供一个可操作的划分标准,实际上,两个"自己"可以用统一的原则来解释其指称;其次,自我归属理论无法解释为什么有的汉语母语者认为在如例句[2.12]这样的句子中反身代词可以超越第三人称代词主语指称第一/二人称代词主语,而有的汉语母语者则认为不可以(胡建华,潘海华,2002)。

2.1.2.5　语篇视角

一些研究者认为,"自己"的长距离约束可以从语篇因素的视角来解释,如主人公视角(logophoricity)(例如:Clements,1975;Sells,1987;Reinhart & Reuland,1991,1993;Yu,1991;Yan Huang,1994)、视角化(perspectivity)(例如:Kuno,1987;N.-C. Li,1991;Iida,1992)、强调(emphasis)、强势代词(intensive pronouns)或对比度(contrastiveness)(Barker,1995,Pollard & Xue,2001)等。这些分析方法为解释"自己"长距离约束问题带来启示。有些学者(如 Huang & Liu,2001)将这些方法称作语篇-语用分析法。为了与"自己"约束问题的纯语用分析法(如 Huang,1991,1994)区分开来,本书将在分析"自己"回指问题时考虑语篇因素的这些方法称为语篇视角,本书将简要回顾主人公视角和视角化两种分析法。

Kuno(1972)是第一位提出主人公视角在自然语言的指称理解中的重要性的语言学家。Kuno(1972)指出一些嵌入了受主句成分约束的代词(或反身代词)的句子应该被分析为是从直接语篇补语(direct-discourse complement)派生而来,在这些直接语篇补语中,代词(通常)是第一或第二人称代词。当句子中有表示引用或态度的动词时,这样的直接语篇表征是必需的,句子的补语被理解为描述主句主语的思想内容。例如,例句[2.14]的深层结构会被表征为例句[2.15]而非例句[2.16]。Kuno(1972)的直接语篇表征的思想抓住了主人公视角的最重要也是最核心的内容。

[2.14] Ali claimed that he was the best boxer in the world.
　　　　阿里宣称他是世界上最优秀的拳击运动员。

[2.15] Ali claimed, "I am the best boxer in the world."

阿里宣称，"我是世界上最优秀的拳击运动员。"

[2.16] Ali claimed，"Ali is the best boxer in the world."

阿里宣称："阿里是世界上最优秀的拳击运动员。"

Clements(1975)是第一位使用主人公视角这一术语的。主人公视角包含对一个个体的参照，语篇中表达了这一个体的视角或整体意识状态。一个主人公(主人公代词)指一个"言语、思想、感觉或意识状态被报告"的实体(先行词)(Clements，1975)，他/她通常与表达交流或心理经验的谓语一起出现(Pan，2001)。Sells(1987)将主人公视角细化为主人公先行词的三个个人角色：报告的来源(SOURCE)、报告内容陈述其心理状态或态度的个人(SELF)、从其视角来做报告的中心点(PIVOT)。换句话说，主人公指一个人，语篇报告的是他/她的言语或思想、态度或意识状态、观点或视角。Sells(1987)指出，这三种角色具有跨语言变体，在不同的语言中可能有一种、两种或三种主人公先行语。

Huang等(1984)尝试用Kuno(1972)的直接语篇表征的思想来解释"自己"长距离约束的一些案例。Huang等(1984)认为，当句子中的"自己"等同于句子直接语篇表征中的I(我)时，"自己"的长距离回指是被允许的。这样，嵌入的宾语反身代词就不是与主句主语连接时反身代词化的结果，而是从浅层的直接语篇中指称"我"的说话者转化而来。Huang等(1984)所分析的"自己"案例大都对应Sells(1987)主人公先行语系统中的来源(SOURCE)(Huang & Liu，2001)。此外，主人公视角也能解释众多句法解释方法所不能解决的"自己"长距离回指的阻隔效应问题，包括阻隔效应的人称不平衡现象。Huang等(1984)指出，阻隔效应是知觉策略的结果，即避免当相关的句子出现在直接言语行为中时出现知觉冲突。

很多研究者(如：Huang et al，1984；Yu，1992，1996；Huang & Liu，2001)提供证据来说明"自己"是直接语篇表征中的主人公，其指称不受管约理论A原则的约束，而是通过被报告事件的来源(SOURCE)、个人(SELF)甚至是中心点(PIVOT)来识别。但是，Pollard & Xue(2001)指出，只有个人(SELF)与"自己"的解释相关，而且主人公视角通常是反身代词的非句法用法的一个因素，但不是必要因素。Huang & Liu(2001)指出，有一些"自己"指称的情况，无法用主人公视角来解释，但是能够从管约理论A原则得到有效的解释。由此，一些研究者，如Pollard & Sag(1992)，Reinhart & Reuland(1993)，Xue，Pollard，& Sag(1994)，and Huang & Liu(2001)，提出有些反身代词的约束情况由句法来决定,有些情况由主人公视角因素来决定。这样的研究视角被称作"自己"回指的综合解释模式。

视角化(perspectivity)是另一个研究者关注较多的解释"自己"回指问题的语篇因素。N.-C. Li(1991)提出长距离约束的"自己"受视角化的制约,能与其兼容的唯一因素是反思的心理状态。N.-C. Li(1991)区分了不受约束的"自己"和长距离约束的"自己"。尽管两者的先行语都是经验者,它们的不同之处在于,前者出现在不包含经验者编码的表述性框架(expressive framing)中,而后者出现在包含经验者编码的报告性框架(reportive framing)中。N.-C. Li(1991)提出,不受约束的"自己"与经验者的个人经验相关,而长距离约束的"自己"必须指代处于自我意识/觉察状态的经验者,因此,在关于事实和纯粹的情感或知觉的陈述中,"自己"不能受长距离约束。N.-C. Li(1991)的方法能够解释为什么当第三人称 NP 介入时,第一/第二人称有时不能约束"自己"。因为根据她的理论,只有句子中的动词与经验者的个人经验或经验者的反思意识相关时,"自己"的长距离约束才有可能。但是,N.-C. Li(1991)的解释方法也有不足之处:第一,在有些情况下,自我意识并不是"自己"受长距离约束的必要条件;第二,在一些包含非反思性报告、没有经验者编码的句子中,仍然允许长距离约束"自己"的出现;第三,N.-C. Li 并没有提出解释"自己"长距离约束阻断效应的方案(潘海华,2001)。

2.1.2.6　动词中心论

汉语言学家金钟镐(2003)提出了解释"自己"回指的动词中心论,试图证明当自己处于从句的宾语位置时,动词对"自己"受约束的情况有制约作用。根据动词是否能够接受"自己"为宾语,金钟镐(2003)将汉语的及物动词分为可反身代词和不可反身代词。如果在一个主语-谓语动词-宾语的结构中,谓语动词可以接受"自己"为宾语,那么这个动词是可及物动词;如果在这样的结构中,谓语动词不可以接受"自己"为宾语,那么这个动词是不可及物动词。在"名词短语$_1$ + 动词$_1$ + 名词短语$_2$ + 动词$_2$ + 自己"的结构中,位于动词$_2$ 位置的可及物动词可以回指长距离先行语或回指短距离先行语,而位于这一位置的不可及物动词只能回指短距离先行语。

2.1.2.7　认知视角

Ariel(1988,1990,1994)从认知(语言学)的角度提出了回指可及性理论,将语篇中的回指因素与这些因素在大脑中的激活相联系,对回指进行了分析。"可及性"是一个心理学术语,指一个人说话时,从大脑记忆系统中提取一个语言或记忆单位的便捷程度(许余龙 2000)。Ariel 认为回指语的类型标示了其所指对象（由先行语表达）在记忆系统中的可及性,回指语所承载或包含的信息越多,其歧义性就越小,其指示的先行词的可及性就越低。影响先行语可及性的因素包括：①(先行语与回指语之间的)距离——回指语和先行语之间距离越近,先行语的可及性越高;②竞争(先行语角色竞争者的数量)——先行语竞争者越多,先行语可及性越低;③凸显(先行语是否作为篇章主题)——作为篇章主题的先行语可及性更高;④一致(是否属于同一心理框架)——如果回指语和先行语同属一个心理框架,则先行语可及性更高。许余龙(2004)继承和发展了 Ariel 的理论,吸收了把回指语看作"可及性标示语"的思想,扩展了对影响先行语可及性的四种因素的界定。他进一步指出,仅有回指语所表达的可及性信息还不足以具体确定篇章中的先行语,我们还需要由先行语表达的可供回指确认的主题性信息。

2.1.2.8 "自己"的非句法理论研究小结

关于"自己"回指的非句法理论模式(分析方法)提供了解释"自己"(长距离)回指问题的新视野,使我们对回指的理解更加多元化(高原,2003)。但是,它们与"自己"回指的句法理论一样,也存在很多问题,不能完整地解释"自己"回指现象(胡建华,潘海华,2002)。Hu & Pan(2002)指出,关于"自己"回指的句法的和非句法的单一理论解释模式都存在着同样的问题,即它们都没有综合考虑影响反身代词指称的多种因素,因此它们在汉语反身代词"自己"回指的解释中都有着同样的局限性。本章的下一部分将回顾"自己"回指的综合解释模式。

2.1.3 "自己"回指的综合解释模式

句法的以及非句法的理论模式都还不能对"自己"(长距离)回指问题作出完整的解释。近来有学者提出,综合解释模式(包括句法、语义、语用、语篇等因素)才是解决"自己"回指问题的正确途径(如：Pollard & Xue,1998,2001;胡建华,潘海华,2002;Koornneef,2008)。而遵循综合解释模式的学者对"自己"以及"自己"的指称也有着不同的界定。

Pollard & Sag(1992),Reuland(1993),Xue,Pollard & Sag(1994),Huang & Liu(2001)等学者将"自己"划分为局部反身代词"自己"和长距离反身代词"自己",认为前者受句法约束的制约,而后者受语内传递(logophoricity)等语篇-语用因素制约。Huang & Liu(2001)将这种"自己"回指的解释模式称为混合模式(mixed approach)。

Pollard & Xue(1998,2001),Hu & Pan(2002)也在"自己"回指的研究中综

合考虑多种因素的作用,但是与混合模式不同,他们不赞成将"自己"划分为两种。例如,Hu & Pan(2002)用 NP 显著性的计算模式来解释"自己"回指现象,并指出无论是长距离还是短距离"自己",都由统一的原则——显著性原则来约束,而 NP(名词短语)显著性的计算涉及句法、语义、语用、语篇等多种因素。Pollard & Xue(1998,2001)划分了反身代词的句法性用法和非句法性用法,并指出只有一种反身代词,其在指称中受句法和语篇因素的双重约束。

2.1.4 "自己"回指理论研究中的问题

到目前为止,单一的句法和非句法理论都还不能对"自己"回指现象作出完整的解释。近来,有学者提出,综合解释模式(包括句法、语义、语用、语篇等因素)才是解决"自己"回指问题的正确途径(Pollard & Xue,1998,2001;Koornneef,2008;胡建华 & 潘海华,2002)。由于"自己"回指的神经加工过程还不清楚,这些理论假设都缺少生理心理学证据的检验(Harris,Wexler & Holcomb,2000)。

此外,尽管有些学者(例如,Huang,1994)已经注意到自然语言中的回指现象多为句子间的回指,回指的使用和理解也在很大程度上依赖于篇章的上下文语境,然而关于"自己"回指的理论研究大都局限于句内研究。如果将这些理论放在语境/语篇中进行检验,大部分理论并不具有解释效力。值得注意的是,回指元素最重要的特征之一就是其对语境的依赖(Koornneef,2008)。如例句[1.3]和[1.4]所示,语境,这一"自己"约束情况的直接决定因素,决不能在"自己"回指研究中被忽略。

综上所述,关于"自己"回指的神经加工过程和机制的研究,尤其是在有语境条件下的"自己"回指的神经认知研究,应该是下一步研究的重点。这也正是本书的研究对象。

2.2 回指关系/结构的神经加工: 生理心理学证据

语言理解或加工是一个非常复杂的认知过程,不同层面上的多种语言因素(语素、词汇、句法、语义和语境)都会影响这一过程。语言的复杂性在回指加工中尤其明显。一旦读者读到一个回指语,大脑便开始(在记忆系统中)搜索可能的先行语,直到回指语和其相匹配的先行语建立恰当的指称关系,这一加工过程才结束。不同的回指关系/结构涉及不同的神经加工过程,而且这些过程本身也受多种因素的影响。例如,根据生成回指关系/结构的语言机制以及所涉及的回指语的类型,Callahan(2008)区分了三种回指关系(结构),不同的回指关系(结构)有不同的认知加工过程。语言学研究中讨论最多的回指关系通常以名词短语为先行语,以名词短语、代词或反身代词为回指语,但是其他的回指关系,如外显先行语和零形式回指语的同指关系、涉及外显指称语移位的回指关系(遗留零形式回指语)也是常见的语言现象。比较和对比不同回指关系/结构的神经加工过程,能够使研究者更好地理解不同类型回指加工的共性和个别差异,有助于笔者更好地理解和解释汉语反身代词"自己"的回指加工过程。回指加工受多种因素影响,理清不同因素在回指加工过程中的作用有助于研究者把握回指加工的内在神经机制。因此,本章回顾了关于回指加工过程的生理心理学研究,总结和讨论了影响回指加工的因素/效应,最后回顾了关于汉语"自己"回指的为数不多的生理心理学研究(全部为无语境条件下"自己"回指加工的研究),根据这些研究的结果提出了一些问题,将结合本研究的结果进行讨论。

2.2.1 回指关系/结构加工过程

句子的加工包括一系列阶段。Nicol & Swinney(2003)将回指标记(回指语)的加工放在整个句子加工中进行讨论,认为句子中回指标记的加工包括以下几个阶段:

(1) 识别词汇、确定句法特征、划分词汇并形成词汇联结;

(2) 加工词汇或短语结构;

(3) 加工词汇或短语结构引发回指关系的加工;

(4) 回指标记的出现导致先行语候选者集合的形成;

(5) 从先行语候选者集合中剔除部分候选者,只留下一个候选者作为先行语。

例如,读者在理解例句[2.17]时,首先逐个识别词语,并识别句子的句法特征,整个句子被分解成如下部分(结构):"John"(约翰)占据句法主语的位置,"Bill"(比尔)是动词短语的一部分,"himself"(他自己)是介词短语的一部分。回指语"himself"的识别会立即诱发(在记忆系统中)搜索先行语的过程,形成一个候选先行语的集合。最后,与回指语共指违反句法规则的"John"(约翰)被排除,而合乎句法、语义等条件的"Bill"(比尔)被选出成为回指语"himself"(他自己)的先行语。整个过程如此复杂,但是人类在理解句子时并不感到困难，因为整个过程是在无意识的状态下自动进行的，读者能够意识到的只是加工的结果，即"himself"（他自己）回指"Bill"（比尔）。

[2.17] John told Bill about himself over dinner.
晚饭时，约翰告诉比尔一些他自己的事。

　　与 Nicol & Swinney(2003)在整个句子加工的背景中讨论回指标记的加工不同，早期心理语言学家（如：Corbett & Chang，1983；Nicol & Swinney，1989；Garrod & Sanford，1994；in Callahan，2008)建立的回指加工模型尤其关注回指语的识解，他们认为回指语的识解主要包括两个阶段：第一个阶段被称为联结(bonding)，这一阶段候选先行语被激活，受语法特征（如性和数）和句法结构（如管辖约束理论）的制约；第二个阶段被称作解决(resolution)，这一阶段语境信息和（读者的）世界知识被用来筛选先行语。如果所加工的回指结构没有歧义（只有唯一的符合句法、语义等条件的先行语），那么在第一阶段回指语与先行语就能建立同指连接，在第二个阶段只做轻微调整；如果回指关系存在歧义，直到第二阶段才能获取回指语的指称解释。

　　Callahan(2008)发展了关于回指语识解的两阶段模型。根据生成回指关系或结构的语言机制以及所涉及的回指语的类型，Callahan(2008)区分了三类回指关系/结构：外显先行语和外显回指语的同指关系（如例句[2.18]）、外显先行语和零形式回指语(PRO)的同指关系（如例句[2.19]、[2.20]）、包含指称语移位的同指关系（遗留零形式回指语）（如例句[2.21]、[2.22]）。语言学研究中讨论最多的是第一种关系，即外显先行语和外显回指语的同指关系，本书的研究中所涉及的汉语反身代词"自己"与其回指语之间的关系就属于这类关系。

[2.18] Bill$_i$ remembered that he$_i$ needed to buy milk at the store.
比尔记得他需要去商店买牛奶。

[2.19] The man$_i$ promised PRO$_i$ to buy milk at the store.
比尔答应会去商店买牛奶。

[2.20] The man bought$_i$ milk and the woman e$_i$ bread.
那位男士买了牛奶，那位女士买了面包。

[2.21] What$_i$ did Bill buy t$_i$ at the store?
比尔在商店买了什么？

[2.22] The milk$_i$ that Bill bought t_i at the store was on sale.

比尔在商店买的牛奶正在打折。

根据生理心理学(主要是 ERP)研究的结果,Callahan(2008)和赵鸣、刘涛(2011)总结了三类回指关系的神经加工过程。

第一类,外显先行语和外显回指语之间的互指关系,其加工过程为:

(1) 回指语的(语义)加工。在 ERP 研究中,此阶段回指语的语义加工难度反映为潜伏期在受到刺激后 250—600 毫秒之间,具有广泛脑区(主要为中央-顶区)分布的 ERP 正波(N400 成分)的波幅变化。

(2) 选择和检索先行词。此阶段从工作记忆中提取先行词的难度往往引发潜伏期在受到刺激后 300—600 毫秒之间的左前负波(phasic LAN)波幅的变化,或引发潜伏期自受到刺激后 300 毫秒左右开始的双侧前额负波波幅(Nref)的变化。

(3) 回指语和先行词的整合连接。此阶段一个潜伏期在受到刺激后 300—600 毫秒之间的中央-顶区负波(N400 成分)成为语义加工难度的指标,而潜伏期在受到刺激后 400—1 000 毫秒之间的正波(根据刺激的不同脑区分布较为多样化)(P600 成分)成为句法加工难度(包括指称特征的不匹配或指称失败)的指标。

检索和整合连接的过程受回指语和先行语的特征(如形式、句法凸显度等)和回指句法结构特征的影响。

第二类,外显先行语和零形式回指语的同指关系,其加工过程为:

(1) 识别(零型)回指语(位置)。在 ERP 研究中,在省略回指语的句子中,(零型)回指语的位置诱发潜伏期在受到刺激后 100—300 毫秒的中-后脑区负波;在对照条件中,即有显性回指语的句子中,回指语后面的下一个词语会诱发潜伏期在受到刺激后 300—600 毫秒的中-后脑区负波(P600 成分)。对(零型)回指语(位置)的识别涉及对(零型)回指语位置后面下一个词的预期/期待。

(2) 选择和检索先行词。在 ERP 研究中,在省略回指语的句子中,(零型)回指语的位置会诱发潜伏期在受到刺激后 300—500 毫秒的右前负波(LAN);在对照条件中,即有显性回指语的句子中,回指语后面的下一个词会诱发潜伏期在受到刺激后 300—500 毫秒的左前负波(phasic LAN)。

(3) 先行语和(零型)回指语(位置)的整合连接。此阶段语义加工难度的指标是(零型)回指语位置后面的第一个词诱发的潜伏期在受到刺激后 300—

500 毫秒的中央-顶区负波(N400 成分),而潜伏期在受到刺激后 400—1 000 毫秒后脑区的正波(P600 成分)是句法加工难度的指标。

第三类,包含指称语位移的同指关系(遗留零形式回指语),其加工过程为:

(1) 在记忆系统中存储先行语。在 ERP 研究中,此过程反映为由先行语诱发,一直持续到指称语位移位置的左前负波(持续的 LAN)。

(2) 从记忆系统中检索先行语。在 ERP 研究中,此过程反映为指称语位移位置后面一个词语诱发的潜伏期在受到刺激后 300—500 毫秒的持续的左前负波(phasic LAN)。

(3) 先行语与(位移后遗留的)回指语(位置)以及语境的整合。在 ERP 研究中,此过程反映为指称语位移位置后面一个词语诱发的开始于受到刺激后 300—700 毫秒的广泛分布的正波(P600 成分)。

2.2.2 回指加工的影响因素

第 2.2.1 小节回顾了回指关系/结构的加工过程以及每一加工阶段的神经活动在生理心理学研究中的表现(主要总结自相关 ERP 研究的结果)。这些神经心理学研究表明,回指加工过程的每一阶段都受多种因素的影响。理清不同因素在回指加工过程中的作用有助于研究者把握回指加工的内在神经机制。本小节将回顾关于回指加工影响因素的生理心理学研究,并总结和讨论不同因素在回指加工中的作用。

2.2.2.1 句法因素

在句法层面上,影响回指加工的因素主要包括句法范畴一致性(指回指语与先行语在数、性以及其他语法范畴上的一致)、句法(结构)平行效应、先行语和回指语的句法位置,等等。

(1) 语法范畴一致性。回指语和先行语应该在数、性以及其他语法范畴上一致。例如,先行语是复数人称代词"they"(他们/她们),那么回指语应该以相应的复数形式"themselves"(他们自己/她们自己)呈现。Osterhout 等研究者(Osterhout & Mobley, 1995;Osterhout, Bersick & McLaughli, 1997)在英语反身代词与先行词之间数失匹配的 ERP 研究中发现了 P600 成分(潜伏期在 500—1 200 毫秒的正波,句法整合难度的 ERP 指标)波幅的增大,说明在回指加工中数这一句法范畴的失匹配会诱发句法重审过程。Harris 等(2000)也进行了相关研究,研究结果证实了 Osterhout 等的结论,还进一步证实仅当反身代词处于论元位置时,其与先行词数的失匹配诱发 P600 效应,反之则不诱发 P600 效应。

语言研究中性这一范畴的失匹配可以从两方面来考量：一方面，它可以被看作是语法失匹配；另一方面，有些学者认为还可以将其看作是语义失匹配。关于英语反身代词与先行词之间性失匹配的 ERP 研究（Osterhout & Mobley，1995；Friederici，Steinhauer，Mecklinger & Meyer，1998）发现了标志着句法加工的 P600 成分，却没有探测到 N400（潜伏期在 300—900 毫秒的中央顶区负波，语义整合难度的 ERP 指标）效应。这一研究结果支持了性范畴失匹配是语法失匹配的看法。

Molinaro 等（2008）通过 ERP 实验研究了句子中前面出现的动词与句子主语数的失匹配如何影响后面出现的反身代词与其先行词（句子主语）数的失匹配（如例句[2.23]），结果发现，当反身代词与作为先行语的句子主语的数一致但与动词的数失匹配时，会诱发 P600 效应，反之则没有 P600 效应，这说明反身代词的加工受多种因素（包括词汇语义和句法因素）的影响。关于代词回指的功能核磁共振（functional Magnetic Resonance Imaging，fMRI）研究（Hammar et al.，2011）支持 Molinaro 等（2008）研究的结果。研究探测到了大脑后颞枕区（与句法检索相关）和左前脑区（与词汇语义检索相关）的激活，证明回指加工是句法和语义机制综合作用的结果。

[2.23] The famous dancer were nervously preparing herself/themselves to face the crowd.

那位著名舞蹈家正在紧张地为她自己/她们自己做准备。

研究者（Osterhout & Mobley，1995；Osterhout，Bersick & McLaughli，1997；Friederici，Steinhauer，Mecklinger & Meyer，1998）认为，在回指关系中数和性这样的语法范畴失匹配的情况下，探测到了 P600 效应，却没有探测到 N400 效应，说明回指语主要通过句法加工机制与其先行语建立共指关系，而语义加工机制在此过程中仅起次要作用。Schmitt 等（2002）的 ERP 研究支持了这一观点：非最简形式回指语（如名词短语）在性这一语法范畴失匹配的条件下诱发了 N400 和 P600，而最简形式回指语（如代词"he/she/it"）在相同条件下仅诱发了 P600，证明 N400 成分在回指加工中仅与语义加工难度相关。

（2）句法平行效应/句法位置。当回指语与其先行语具有平行的句法角色时（如都是主语），回指语的加工更加容易。Streb 等（1999）的研究发现相对于回指语和先行语平行的回指结构（如例句[2.24]），加工不平行的回指结构

（如例句[2.25]）反应时更长，正确率更低，而且诱发更大的 N400 波幅，这说明非平行结构的加工需要额外的加工步骤，耗费更多的大脑加工资源。

此外，在平行回指结构的加工中，重复（先行词的）回指语比代词回指语激活的脑区更加广泛，说明回指的句法平行效应与回指语类型这一因素相互影响。

[2.24] Peter$_i$ besucht Julia in de klinik. Dort hat Peter/er$_i$ dem Arzt eine Frage gestellt.

　　 * Peter visits Julia in the hospital. There has Peter/he the doctor a question asked.

[2.25] Peter$_i$ besucht Julia in de klinik. Dort hat die Schwester Peter/ihm$_i$ das Zimmer gezeigt.

　　 * Peter visits Julia in the hospital. There has the nurse Peter/him the room showed.

(Streb et al. , 1999)

（3）先行语和回指语的句法位置。乔姆斯基的管辖约束理论（1981，1986）规定，反身代词在管辖语域（最低句法域）内受约束。而基于谓词的约束理论（Predicate-Based Binding Theories）提出，当且仅当反身代词在谓词的论元位置上时，其在管辖语域内受约束；在非论元位置上的反身代词在管辖语域内不受约束（Reinhart & Reuland, 1993）。Harris 等（2000）在反身代词和其先行语数的范畴失匹配的情况下，对处于论元位置和非论元位置的反身代词的加工进行 ERP 研究。结果表明：在回指语和先行语的数失匹配时，当反身代词处于论元位置时（如例句[2.26]）诱发了 P600 效应；而当反身代词处于非论元位置时（如例句[2.27]）没有诱发 P600 效应，说明回指语的句法位置影响回指关系的加工，在一定程度上支持了谓词为中心的约束理论的假设。

[2.26] The boys'cousin introduced themselves at the wedding.

　　 * 那些男孩的表兄在婚礼上介绍了他们自己。

[2.27] The boys'cousin introduced Suzie and themselves at the wedding.

　　 * 那些男孩的表兄在婚礼上介绍了苏西和他们自己。

除了回指语的句法位置,先行词的句法(位置)凸显度也被证实影响回指加工的难度。例如,研究发现:当先行词位于非凸显的句法位置时,重复(先行词的)回指语(不同于先行语的)比新名词回指语诱发了更小的中央-顶区分布的 N400 和更大的广泛脑区分布的 LPC(持续性句法加工的 ERP 指标),显示了典型的重复启动效应;而当先行词处于句法凸显位置(如句法主语位置)时,重复(先行语的)回指语比新词回指语会诱发更大的 N400 和更小的 LPC,说明重复回指语比新词回指语更难与位于句法凸显位置的先行语进行回指关系整合;然而,代词回指语的加工却不受先行语句法位置的影响(Swaab,Camblin & Gordon,2004)。这一研究说明,回指语类型与先行语的句法位置相互影响(Callahan,2008)。

2.2.2.2 语义因素

在语义层面上,影响回指加工的因素主要包括:先行语和回指语的语义(亲疏)关系、谓语动词的隐含意义,等等。

(1) 先行语和回指语的语义关系。先行词和回指语的语义亲疏关系被证实会影响回指的语义加工难度。Burkhardt(2006)对重复(先行语)回指语、(与先行语)近义词回指语和(与先行语不同的)新词回指语的加工进行了 ERP 研究(见例句[2.28]、[2.29]、[2.30]),结果发现:新词回指语诱发了分布最广泛、波幅最大的 N400,重复回指语 N400 波幅最小,而近义词回指语的波幅在二者之间,说明重复回指语、近义词回指语和新词回指语的语义加工难度依次增加;此外,与重复回指语相比,近义词回指语和新词回指语均诱发更大的 P600,说明后两者在回指句的句法整合中耗用更多的加工资源。

[2.28] Lucy visited a conductor in Berlin. She said that the conductor was very impressive.

露丝在柏林拜访了一位指挥家。她说指挥家给她留下了深刻的印象。

[2.29] Lucy visited a concert in Berlin. She said that the conductor was very impressive.

露丝在柏林听了一场音乐会。她说指挥家给她留下了深刻的印象。

[2.30] Lucy talked to Nina. She said that the conductor was very impressive.

露丝跟妮娜交谈。她说指挥家给她留下了深刻的印象。

（2）谓语动词的隐含意义。谓语动词的隐含意义被证实是影响回指加工的另一个语义因素。有些英语动词具有隐含因果/致使关系的语义特征，如"apologize"（道歉）和"confess"（承认），相关的行为学研究（Mckoon，Greene & Rateliff，1993）证明动词隐含的因果/致使意义影响语言使用者对回指语题元角色的分配。但是，关于谓语动词的隐含意义何时开始影响回指加工，有不同的观点：焦点假说（focus hypothesis）（McDonald & MacWhinney，1995）认为，动词的隐含意义能够使处于动词论元（argument）位置的代词成为（句子）心理表征的焦点，而且这一作用是读者一读到动词就即时发生的；关系整合模型（relation-integration model）（Millis & Just，1994）提出只有在整个句子的理解完成之后，动词隐含意义才开始在进一步的事件推理和整合中起作用。Van Berkum 等（2007）对谓语动词具有隐含意义的回指句的加工进行了 ERP 研究，结果发现：当回指语出现的位置与动词隐含意义所指示的位置不相符时（如例句[2.31]），回指语（如例句中的代词"he"）会诱发 P600 效应；而当回指语出现的位置与动词隐含意义所指示的位置相符时（如例句[2.32]），则不诱发 P600 效应。这样的结果说明，动词的隐含意义在读者读到动词时就即时影响回指加工，这在一定程度上支持了焦点假说的假设。

[2.31] Linda apologized to David because he, according to the witnesses, was not the one to blame.

琳达向大卫道歉，因为目击人说这不是他的责任。

[2.32] David apologized to Linda because he, according to the witnesses, was the one to blame.

大卫向琳达道歉，因为目击人说这是他的责任。

2.2.2.3 语境因素

在回指加工中，语义因素和语境因素起着不同的作用。语言学将语义定义为词语本身固有的内在属性，不受外部因素（如时间和空间）的影响。语境有狭义和广义之分：狭义的语境即上下文语境，指出现在某语篇之前或之后，影响或决定其意义的部分；广义的语境既包括上下文的语言知识，还包括背景、情景等语言外的知识，指语言活动的整个文化背景。

回指元素最重要的特征之一就是其不能独立获取意义，而是要依赖（上下文）语境获取自身的解释意义（Koornneef，2008）。在很多情况下，语境是回指关系的直接决定因素。Nieuwland 等（2007）和 Nieuwland & van Berkum（2006,2008）的研究发现：当语境中包含两个或多个可选先行语而导致回指语指称歧义时，回指语会诱发自受到刺激后约 300 毫秒开始，延续至 1 500 毫秒甚至更久的持续性的左前脑区负波，这被称作 Nref（reference-related frontal negativity）效应；这与回指关系中因语义不连贯诱发的 N400 效应（Nieuwland & van Berkum，2008）不同。Van Berkum 等（2007）将 Nref 效应作为反映歧义指称加工的指标。为了探究 Nref 效应是与深层次的情景模型（situation model）的指称歧义（在情景模型中包含两个可能的先行词）相关，还是仅与表层的基于文本（textbase）的歧义（文本中两次提到类似的实体）相关，Van Berkum 等（2007）进行了进一步研究，发现仅在情景模型歧义的情况下诱发了 Nerf，研究者认为这说明 Nref 可能反映了解决深层情景或语境模型歧义所造成的工作记忆负荷。

此外，Nieuwland & van Berkum（2006）的研究发现，被试识别或识解指称歧义的敏感度与被试的工作记忆容量相关，在对歧义指称的加工过程中，具有高工作记忆容量的被试比具有低工作记忆容量的被试产生更大的 Nref 波幅。

2.2.2.4　先行词和回指词的词频

（1）先行词词频。关于先行词的词频是否影响回指语的加工，仍然存在争论，根据行为学研究的结果，主要提出了三种假说。词目再通达假说（the lemma reaccess account）认为回指语的加工不受先行词词频影响；这一假说认为词汇中包含词目（lemma）和词位（lexeme）两种信息，词目具有词在心理词库中的句法和语义特征的表征，而词频属于词位信息。对于回指语的理解只需要再次通达先行词的词目信息，所以属于词位信息的先行词词频不影响回指语加工。完全再通达假说（the full reaccess hypothesis）认为要理解回指语必须先通达先行词的全部词汇信息，因而先行词的词频必然影响回指语加工，回指低频先行词的回指语加工时间应该长于回指高频先行词的回指语。凸显性假说（the saliency account）同样认为先行词的词频影响回指语的加工，这一假说认为一个词的词频影响其凸显度，低频词比高频词凸显度更高，更易引起读者注意，更易于从短时记忆中提取，从而形成词频逆反效应（reverse word-frequency effect），即回指低频先行词的回指语加工时间应该短于回指高频先行词的回指语。

Heine 等（2006）对先行词词频如何影响回指语加工进行了 ERP 研究，实验刺激由两个句子组成，前一个句子包含高频、中频或低频先行词，后一个句子包含回指语。结果显示：先行词的加工诱发 N400 效应，低频先行词 N400

最大,高频先行词 N400 最小,说明高频先行词的语义整合难度最小;回指语的加工诱发 P300 效应,回指低频先行词的回指语诱发的 P300 最大,回指高频先行词的回指语诱发的 P300 最小。研究者认为 P300 成分与注意资源的调配相关,低频先行词凸显度更高,使得回指低频先行词的回指语分配了更多的注意资源。

(2) 回指词词频。研究证明,无论回指词是否与句子中的先行词同指,词频越高的回指词,加工难度越低。ERP 研究(van Petten & Kutas,1991; Polich & Donchin,1998)证明,高频回指词比低频回指词诱发波幅更小潜伏期更短的 N400 以及更大的 P300(注意资源调配的 ERP 指标),说明词频越高,调用的注意资源越多,语义整合难度越小。

2.2.2.5　回指语类型/先行语-回指语重复效应

研究证明,回指语的重复(先行语)会影响回指关系的加工,但是,这一重复效应如何影响回指加工仍存在争论。Gordon 和 Hendrick(1998)认为重复(先行语的)回指语的加工存在"重复命名失利效应"(repeated name penalty),因此对重复(先行语的)回指语的加工需要额外的步骤。当读者/听者接收到回指语时,语言分析器立即开始搜索其先行语,而对重复(先行语的)回指语的加工需要先确立一个新的指称对象,然后再确认其是否与先行语指示的对象同指。Almor(1998)有不同的观点,提出了信息负荷假说(informational load hypothesis),认为如果重复(先行语的)回指语的功能(如重复先行语的回指语增加的新信息)能被正确运用,就不会导致其加工困难。Streb 等(1999)的 ERP 实验发现,代词回指语比重复(先行语的)回指语诱发更大的 LAN 和 N400,认为这反映了代词回指语在从工作记忆中获取先行语以及整合语义更加困难。Swaab 等(2004)的研究发现了与上述研究相反的结果,重复(先行语的)回指语比代词回指语诱发了更大的 N400。研究者认为这表明重复(先行语的)回指语在语义整合中耗费更多的大脑加工资源。此外,Swaab 等(2004)的研究还发现,省略形式回指语诱发了 ELAN 和 N400 成分,表明不同形式照应语的加工机制和调用的脑区是不同的。以上两组研究的结论不一致可能是实验刺激材料的类型不同导致的。Streb 等(1999)的实验中的刺激材料分为平行结构和非平行结构,而且照应语和先行语之间的距离有长、短的区分,而 Swaab 等(2004)的研究包含了回指语处于凸显位置和非凸显位置的情况,这些因素都可能影响不同类型回指语的加工。尽管如此,这些实验说明了回指语的类型影响回指语和其先行语的整合过程。

2.2.2.6 距离效应

已有的行为学研究(Clark & Sengul，1979)和 ERP 研究(Streb,
Hennighausen & Rosler，2004)都表明,回指语和先行语之间的距离影响回指
关系加工的速度和难度。在行为学研究中,Clark & Sengul(1979)发现,回指语
和先行语之间距离越短,回指关系的加工越快。在 Streb 等(2004)的 ERP 研
究中,在先行词(专有名词)和回指语(代词)之间插入不同数量的词来操纵二
者之间的距离(如例句[2.33]、[2.34]),结果发现,距先行语距离长的回指语
比距离短的回指语诱发了更大的 N400。研究者认为 N400 效应反映了回指语
和先行语建立同指关系时的语义整合加工所造成的工作记忆负荷。

[2.33] Beate besitzt eine kleine Tierpension. Uberall im Haus sind
Tiere. Tom$_i$ ist ein alter Kater. Heute hat Tom/er$_i$ der Frau
die Tu¨r zerkratzt.

Beate has a small boardy-home for animals. Everywhere in
the house are animals. Tom$_i$ is an old cat. Today Tom/it$_i$
scratched the door of the woman.

[2.34] Lisa$_i$ schlender uber einen Basar. Peter verkauft Edelsteine
an Touristen Die Steine sind hervorragend geschliffen. Nun
wird Lisa/sie$_i$ dem Handler einen Diamenten abkaufen.

Lisa$_i$ strolls across a bazaar. Peter sells gems to tourists.
The gems are cut excellently. Then Lisa/she$_i$ will buy a
diamond from the trader.

(Streb et al.，2004)

距离效应(回指语和先行语之间距离越短,建立指称关系越快)是在回指
加工的研究中非常常见的一个效应,然而,有些研究者认为距离效应不是神经
加工过程的真实表现,而是一个假象。Li & Zhou(2010)提出,这些与回指加工
的资源耗费有关的效应(距离效应)绝不仅仅与先行语和回指语之间的距离相
关,而是与句法结构或管约理论 A 原则相关。Hammer 等(2008)的研究支持
了 Li & Zhou(2010)的观点。Hammer 等(2008)在 ERP 研究中操纵了回指语
和先行语之间的距离和其性的一致,结果发现,回指语和先行语之间距离远的
情况比距离近的情况诱发了更大的 N400,但是 N400 效应仅在回指语和先行
语的性这一范畴一致时才能被探测到。此研究说明,在回指加工中以 N400 为

指标的距离效应不仅仅与先行词和回指语的距离相关。本书将结合本实证研究的结果来讨论此问题。

2.2.2.7　需要进一步研究的回指影响因素

随着回指的神经-心理学研究(主要以英语等西方语言为研究语料)的发展,回指加工的相关时间进程和影响因素逐渐明晰,在这一领域中的很多研究成果对于汉语反身代词"自己"的研究有很多启发。但是,还有一些方面有待进一步的研究。

第一,回指研究中的 Nref 效应需要进一步的讨论和研究。如本书2.2.2.3 小节所回顾的,Nref 效应是自受到刺激后约 300 毫秒开始,延续至1 500 毫秒甚至更久的持续性的左前脑区负波,与回指歧义的加工相关。但是,此效应的潜在的神经机制还不明确。Van Berkum(2007)认为 Nref 效应可能反映了被试对歧义的指称表达式加以注意的相关神经活动,或是与被试试图解决歧义的控制性加工相关;另外也不排除是由于在工作记忆中为维持相互竞争的指称解释所需的额外神经活动引起的。

第二,回指关系中不同影响因素的交互作用有待进一步的研究。目前,回指加工的大部分神经-心理学研究都是围绕单因素变量展开的,而各种因素在回指加工中的交互作用却少有研究。在回指加工中,多种影响因素可能同时作用于回指关系的加工,有些因素可能起主要作用,有些因素可能起次要作用。如 Streb 等(1999)的研究发现:在发生距离效应的回指关系中,代词形式回指语比名词形式回指语诱发的 N400 更大;而在发生(句法位置)平行效应的回指关系中,重复(先行语的)回指语比代词回指语诱发的 N400 更大。

第三,应加强对零型回指语(null anaphor)的神经加工机制的研究。零型回指语是一种特殊的回指语形式,指回指语通过无形无音的零型方式与先行语建立同指关系,这种形式在人类语言中普遍存在,但是目前对其研究却较少。如 Callahan(2008)所指出的,不同回指关系的潜在语言学机制是互相关联的,那么对比研究不同类型的回指关系的神经加工机制能为回指的普遍研究提供重要信息,我们也能更好地理解回指关系加工的普遍性和特殊性。因此,研究者应该加强对零型回指语的神经加工机制的研究。

第四,应该重视对汉语反身代词回指加工神经机制的研究。关于"自己"回指的神经心理学研究尚非常少,而且研究的大都是无语境条件下的"自己"回指加工。已有的 fMRI 研究发现,汉语语义加工除了激活与英语等印欧语语义加工相同的额叶、额下回脑区外,还会激活左侧额叶中部(Booth, Lu, Burman, Chou, Jin, Peng, Zhang, Ding, Deng & Liu, 2006),而语义是影响回指关系加工的因素之一,那么语义因素对汉语(反身)代词回指加工的影响与其对印欧语(反身)代词回指加工的影响有什么异同,就值得进一步研究。此外,从语言类型学来讲,汉语是孤立语,与印欧语有明显的形态标记和变化的不同,汉语缺少显性的形态标记和变化,因此,零型回指语在汉语中的使用更加普遍和灵活,其神经加工过程应该更为复杂,但目前鲜有对汉语零型回指语神经加工机制的研究。今后应该重视对汉语反身代词的回指加工神经机制的研究,并从语言类型学角度对比研究汉语和(英语等)印欧语回指加工的神经机制,这有助于完善对语言回指加工的普遍神经机制的研究。

2.2.3 "自己"回指的生理心理学研究

尽管理论语言学者对于"自己"回指决定因素的争论由来已久,但是关于"自己"回指的生理心理学研究尚非常少,而且研究的都是无语境条件下的"自己"回指加工。

高立群等(2005)对无语境条件下的"自己"回指加工进行了(语义启动)行为学研究,实验中的唯一变量为先行词的句法位置。实验要求被试阅读"先行词$_1$ + 动词$_1$ + 先行词$_2$ + 动词$_2$ + 自己"结构的歧义"自己"回指句,如"老师让学生要相信自己"(The teacher asked the student to believe him/himself),启动词"自己"既可指称长距离先行词,也可指称短距离先行词;目标词或与长距离先行词语义相关,或与短距离先行词语义相关,或为中性;目标词与启动词之间的刺激间隔时间为 0 毫秒;任务是词汇命名。结果显示,当启动词"自己"与目标词之间的刺激间隔时间为 0 毫秒时,给与短距离先行词语义相关的词汇命名比给与长距离先行词语义相关的词汇命名反应时更短,表明"自己"回指在其加工的早期阶段,在句法层面上,具有局部约束倾向。刘兆静(2009)采用了高立群等(2005)的实验设计和刺激语料,但是设置了不同的启动词-目标词刺激间隔时间,对无语境条件下的"自己"回指加工进行了进一步的研究,实验任务为词汇选择。结果显示,当刺激间隔时间为 160 毫秒时,对与长距离先行词语义相关目标词比对与短距离先行词语义相关目标词的反应时更短,表明在这一加工阶段,"自己"倾向于受长距离约束。当刺激间隔时间为 370 毫秒时,对中性目标词的反应时明显短于对长距离和短距离先行词语义相关目标词的反应时,而后两者之间无显著性区别,表明在这一阶段,长距离和短距离先行词都是通过(词汇)语义激活来启动相关目标词。"自己"回指加工在此阶段已经进入语义整合,而句法分析已经结束。这一系列的行为学研究表明,在无语境条件下,"自己"回指倾向于首先受句法因素影响,表现出与 A 原则相符的局部约束倾向。基于这样的结果,研究者(高立群等,2005;刘兆静,2009)进一步推论,长距离"自己"回指可能是由句法以外的(如语境或语义)因素决定的,而这些因素可能在回指加工的后期才起作用。

Li & Zhou(2010)对无语境条件下的"自己"回指加工进行了 ERP 研究,实验中要求被试阅读"先行词$_1$+动词$_1$+先行词$_2$+动词$_2$+自己"结构的"自己"回指句(如例句[2.35]、[2.36]、[2.37]),实验的唯一变量为动词$_2$(动词$_2$的语义控制反身代词"自己"的指称)。

[2.35] 小李让小张不要伪装自己。(局部回指)
[2.36] 小李让小张不要牵连自己。(长距离回指)
[2.37] 小李让小张不要吓唬自己。(歧义回指)

结果显示,相对于短距离回指情况,"自己"在长距离回指情况下诱发了更大的 P300 和 P600 波幅,说明尽管"自己"能够违反 A 原则回指局部句法域外的长距离先行词,但是长距离回指会耗费更多的(脑)加工资源。其中 P300 效应被认为反映了对于基于 A 原则建立的(短距离回指)心理表征和基于动词语义建立的(长距离回指)心理表征的不符的探测;而 P600 效应则可能与将"自己"与长距离先行词进行连接的第二轮句法整合过程相关。

以上关于"自己"的生理心理学研究的结果显示,在无语境条件下,"自己"倾向于受局部约束(高立群等,2005;刘兆静,2009),而违反 A 原则的长距离"自己"回指会耗费更多的大脑加工资源(Li & Zhou,2010)。但是,到目前为止,语境如何影响"自己"回指的神经加工过程尚不明确。因此,本研究将通过行为学和 ERP 技术来研究语境如何影响"自己"的回指加工。

2.2.4 本章小结

本章回顾了关于"自己"回指的理论研究,梳理了关于回指的生理心理学研究,包括(无语境条件下)汉语反身代词"自己"回指的生理心理学研究。这些研究对于语境操纵下"自己"回指的神经加工机制的理解和解释有很好的启发作用。

"自己"回指的句法学派试图从纯句法学的角度,尤其是在管辖约束理论框架下来解释反身代词"自己"与其先行语之间的关系。这些句法解释模式主要包括照应指代词分析法(Mohanan,1982;Wang & Stillings,1984)、参数化分析法(Yang,1983;Manzini & Wexler,1987)、逻辑式位移分析法(Lebeaux

1983；Pica，1985，1987；Chomsky 1986)、相对化主语分析法(Progovac，1991，1992；Progovac & Frank，1992)和 Giorgi(2006,2007)的时间投射理论,等等。与句法学派相反,关于"自己"回指的非句法学派认为,任何从管辖约束框架发展而来的理论都不能对"自己"回指的属性作出正确预测,"自己"回指能够完全脱离句法的限制。他们提出了关于"自己"回指的非句法理论,主要包括功能方法(Chen Ping，1992)、语用方法(新格莱斯主义理论)(Huang，1991，1994)、语义分析法(题元等级理论)(Xu Liejiong，1993，1994)、自我归属理论(Pan，1995，1997，2001)、语篇视角(Clements，1975；Sells，1987；Kuno，1987；Reinhart & Reuland，1991，1993；Yu，1991；Yan Huang，1994；Barker，1995；Pollard & Xue，2001)、动词中心论(金钟镐，2003)和认知视角(回指可及性理论),等等。关于"自己"回指的理论研究,尤其是各种非句法解释模式,提供了解决"自己"(长距离)回指问题的新思路,使我们对回指的理解更加多元化(高原,2003)。但是,无论是句法的还是非句法的理论模式都面临着不能完整解释"自己"回指现象的问题。胡建华、潘海华(2002)指出"自己"回指的单一理论模式都没有综合考虑影响反身代词指称的多种因素,有着同样的局限性。因此,近来有学者用综合解释模式来解决"自己"回指问题。

目前,"自己"回指的神经加工过程还不清楚,这些理论假设仍缺少生理心理学证据的检验(Harris，Wexler & Holcomb，2000)。此外,尽管有些学者(例如,Huang，1994)已经注意到自然语言中的回指现象多为句子间的回指,回指的使用和理解也在很大程度上依赖于篇章的上下文语境,但是"自己"回指的理论研究大都局限于句内研究。如果将这些理论放在语境/语篇中进行检验,有些理论并不具有解释效力。值得注意的是,回指元素最重要的特征之一就是其对语境的依赖(Koornneef，2008),语境这一"自己"约束情况的直接决定因素,在"自己"回指研究中不应该被忽略。

随着语言回指的生理心理学研究的推进,回指关系/结构的加工过程以及回指加工的影响因素逐步被揭示。本章根据不同的主题对这些研究进行了梳理。早期心理语言学家(如：Corbett & Chang，1983；Nicol & Swinney，1989；Garrod & Sanford，1994)建立的回指加工模型尤其关注回指语的识解,认为其识解主要包括联结和解决两个阶段。根据生理心理学(主要是 ERP)研究的结果,Callahan(2008)和赵鸣、刘涛(2011)总结了三类回指关系的神经加工过程,而外显先行语无论与外显回指语、零型回指语还是与遗留形式回指语(包含指称移位)之间同指关系的建立大体上都包含三个阶段的加工过程：①(语义)加工或(零型)识别回指语,或存储(遗留零形式回指语)先行语；②检索和选择先行语；③回指语与先行语整合连接。

　　生理心理学研究证实，影响回指加工的因素主要包括句法（如先行语和回指语的句法位置、二者句法范畴一致、句法结构平行）、语义（如先行语和回指语的语义关系、谓语动词的隐含意义）、语篇语境、先行词和回指词的词频、回指语类型、先行语和回指语的距离，等等。此外，还有一些方面，如（语篇回指歧义诱发的）Nref 效应的功能解释、不同因素在回指加工中的交互作用、零型照应语加工等，都有待进一步的研究。赵鸣、刘涛（2011）特别指出，应该重视对汉语回指问题的研究，以便从语言类型学的角度构建和完善语言回指加工的普遍机制。关于汉语反身代词"自己"的生理心理学研究尚非常少，这些研究显示，在无语境条件下"自己"倾向于受局部约束（高立群等，2005；刘兆静，2009），而违反管约理论 A 原则的长距离"自己"回指会耗费更多的大脑资源（Li & Zhou，2010）。到目前为止，语境如何影响"自己"回指的神经加工过程尚不明确，这正是本书的研究内容。

第3章
行为学研究

本书第 3 章和第 4 章将分别报告语境影响下"自己"回指加工的行为学研究和 ERP 研究。笔者将针对每一项研究,分别陈述其研究背景、研究方法和结果,并进行讨论。第 5 章将在整体研究的背景下综合讨论行为学研究和 ERP 研究的结果。

3.1 研究背景

关于英语等西方语言代词回指加工的生理心理学研究表明:句法和语义等因素都参与回指的神经加工过程(Molinaro et al.,2008;Hammar et al.,2011);句法加工机制在回指加工中起主要作用,而语义加工机制在此过程中仅起次要作用(Osterhout & Mobley,1995;Osterhout,Bersick & McLaughli,1997;Friederici,Steinhauer,Mecklinger & Meyer,1998)。

关于(无语境条件下)汉语反身代词"自己"回指加工的生理心理学研究表明,在无语境条件下,"自己"倾向于受局部约束,进行短距离回指(高立群等,2005;刘兆静,2009),而违反 A 原则的长距离"自己"回指会耗费更多的大脑加工资源(Li & Zhou,2010)。高立群等(2005)推论,长距离"自己"回指可能是由句法以外的(如语境或语义)因素决定的,而这些因素可能在回指加工的后期才起作用。而关于不同因素何时开始影响句子的加工过程,心理语言学家一直存在平行加工和序列加工的争论。平行加工模型理论认为各种信息一旦被获取就立即作用于句子加工(Marwlen-Wilson,1975),而序列加工模型理论认为在句法结构的构建结束之后其他信息才被用来对句法分析的结果作出评价(Frazier & Rayner,1982)。

那么,语境何时开始影响"自己"回指加工? 语境信息是一旦被获取就立即影响"自己"回指加工,还是在"自己"回指加工的后期阶段才起作用? 语义启动技术可以通过反应时数据来探测读者或听者在句子加工(理解)过程中所做的连接,以此来考察在句子加工的某特定阶段大脑正在处理的结构或单位(Nicol & Pickering 1993:207-237),这种技术尤其适合用来探测句子加工在某一阶段的结果。因此,本研究的行为学实验 1 用语义启动技术来探测语境影响下"自己"回指加工初期阶段的特征,以回答语境何时开始影响"自己"回指加工这一问题;之后,本研究将通过(语义启动)行为学实验 2 和(语义启动)行为学实验 3 进一步探测语境影响下"自己"回指加工中后期阶段的特征。人类认知加工通常分为两个阶段:刺激后 200 毫秒以内为早知觉加工阶段,受刺激的物理属性(如强度、类型、频率等)的影响;刺激 200 毫秒之后为后知觉加工阶段,与深层次的认知-心理加工(如选择和记忆更新)相关,不再受刺激的物理属性的影响(赵仑,2010)。因此,本研究选择刺激后 160 毫秒和刺激后370 毫秒为实验 2 和实验 3 所考查的语境影响下"自己"回指加工的阶段。通过这三个行为学实验,可以粗略地观察语境影响下"自己"回指加工(三个阶段)的时间进程。

本书的行为学研究通过语义启动范式来探测语境影响下"自己"回指加工在三个不同阶段的特征。实验要求被试阅读不同(长距离/短距离)语境下的"自己"回指句,之后完成词汇判断(判断目标词的颜色)任务;目标词在语义上或与长距离先行词相关,或与短距离先行词相关,或为中性词。在实验 1 中,启动词"自己"和目标词之间的刺激间隔时间为 0 毫秒;在实验 2 中,启动词"自己"和目标词之间的刺激间隔时间为 160 毫秒;在实验 3 中,启动词"自己"和目标词之间的刺激间隔时间为 370 毫秒。实验将记录和分析被试阅读完不同(长距离/短距离)语境下的"自己"回指句后对不同类型(与长距离先行词语义相关、与短距离先行词语义相关、语义中性)的目标词进行颜色判断的反应时和正确率数据。

本研究的行为学实验控制了其他因素,实验唯一变量为语境因素,因此本行为学研究假设:如果语境影响"自己"回指在某阶段的加工,那么在此加工阶段反身代词"自己"与语境所指向的先行词之间会建立同指关系,而同指关系的建立会(重新)激活语境所指向的先行词(Nicol & Pickering, 1993),在本研究中应表现为与语境所指向的先行词语义相关的目标词的启动效应。

3.2 行为学实验1

行为学实验1要回答两个问题。第一个问题是,语境信息是否一旦被获取就立即影响"自己"回指加工,即语境是否在"自己"回指加工的初期就开始起作用？如果第一个问题的答案是肯定的,那么第二个要探讨的问题是语境如何影响"自己"回指加工的初期阶段？ 行为学实验1用语义启动技术探测了语境影响下"自己"回指加工初期阶段的特征。实验要求被试阅读不同(长距离、短距离)语境下的"自己"回指句,之后完成词汇判断(判断目标词的颜色)任务。目标词在语义上或与长距离先行语相关,或与短距离先行语相关,或为中性词。启动词"自己"和目标词的刺激间隔时间为0毫秒。实验将记录和分析被试阅读完不同(长距离、短距离)语境下的"自己"回指句后对不同类型(与长距离先行语语义相关、与短距离先行语语义相关、语义中性)的目标词进行颜色判断的反应时和正确率数据。

3.2.1 实验方法

3.2.1.1 实验设计

实验采用2×3的实验设计。语境和目标词为两个被试内因素:语境因素分两个水平,长距离回指语境、短距离回指语境;目标词因素分三个水平,L目标词(与长距离先行词语义相关的目标词)、S目标词(与短距离先行词语义相关的目标词)、N目标词(语义中性,与长距离、短距离均不相关的目标词)。

3.2.1.2 被试

30名被试(均为同济大学学生)参加了本研究的行为学实验1。其中一名被试的数据由于过高的错误率从统计分析中被剔除。其余29名被试(15男14女)年龄从24到38岁,平均年龄为30.86岁。所有被试均为汉语母语者,对实验目的和内容完全不知情,也未参与实验前的语料判断任务。他们都是右利手,裸眼视力或矫正视力正常,无神经系统疾病或损伤,近期亦未服用任何药物。被试实验前签署了实验知情书,实验后付适当报酬。

3.2.1.3 实验刺激和任务

首先收集了120个"名词短语$_1$+动词$_1$+名词短语$_2$+动词$_2$+自己"结构的"自己"回指句(名词短语为人的称谓或名字,如"医生""老师""晓红"),邀请了50位不参加正式行为学和ERP实验的被试来判断"自己"在句中的指称(是回指长距离先行词——名词短语$_1$、回指短距离先行词——名词短语$_2$，还是可以回指二者/歧义回指）。有 42 个句子中的"自己"被（92％以上的被试）判断为既可以回指长距离先行词也可以回指短距离先行词（回指歧义），被选取出来作为本研究中的歧义"自己"回指句，构建刺激材料。在每个歧义"自己"回指句前分别设置长距离语境句和短距离语境句，这样就得到了 84 条由语境句和"自己"回指句构成的实验刺激句，其中包括 42 条长距离回指句型和 42 条短距离回指句型。语境句均简短易懂，其长度在长距离回指条件和短距离回指条件之间交叉平衡。请 20 位不参加行为学实验的被试（根据语境句）来判断"自己"在实验刺激句中的所指，他们均能正确轻易地作出判断。每条实验语句分别搭配三种目标词：与长距离先行词语义相关的目标词（long-distance antecedent related target，简称 L 目标词），与短距离先行词语义相关的目标词（short-distance antecedent related target，简称 S 目标词），与二者语义均不相关、语义中性的目标词（neutral target，简称 N 目标词）。这些目标词均是包含两个汉字的常用汉语词汇，如"病人""学生"和"杯子"。一个实验语句每个被试只读一次，语境类型和目标词类型在被试间交互平衡。（刺激类型和实验材料举例见表 3.1）

　　除了实验刺激语句，实验还填充了 84 条填充语句，每条语句由一个语境句和一个包含"自己"的简单句组成，如例句"记者没有采访老师，他自己（ziji）现在很后悔"。填充句长度与实验刺激句类似；与实验刺激句中"自己"的位置总是出现在句尾不同，填充句中"自己"一词的位置并不固定，以此来避免被试在阅读实验语句时形成阅读策略。每个填充句后也设置相应的目标词。

表 3.1　行为学实验 1 刺激类型和实验材料举例

刺激类型	例　　句							目标词
长距离语境	记者在采访中不尊重老师， Jizhe zai caifangzhong bu zunzhong laoshi, Reporter in interview not respect teacher, The reporter didn't respect the teacher in the interview,	老师 Laoshi Teacher The teacher	告诉 gaosu told told	记者 jizhe reporter the reporter	要 yao to to	尊重 zunzhong respect respect	自己。 ziji ziji him	学生 Student （L 目标词）

（续表）

刺激类型	例　　句						目标词
长距离语境	记者在采访中不尊重老师，	老师	告诉	记者	要	尊重	自己。	新闻 News （S目标词）
	记者在采访中不尊重老师，	老师	告诉	记者	要	尊重	自己。	汽车 Car （N目标词）
短距离语境	老师发现记者很不自重， Laoshi faxian jizhe hen bu zizhong, Teacher find reporter not self-respect, The teacher found the reporter wasn't self-respect,	老师 Laoshi Teacher The teacher	告诉 gaosu told told	记者 jizhe reporter the reporter	要 yao to to	尊重 zunzhong respect respect	自己。 ziji ziji himself	学生 Student （L目标词）
	老师发现记者很不自重，	老师	告诉	记者	要	尊重	自己。	新闻 News （S目标词）
	老师发现记者很不自重，	老师	告诉	记者	要	尊重	自己。	汽车 Car （N目标词）

　　实验设置词汇判断任务（判断目标词的颜色是红色或绿色），并做出按键反应。红色和绿色目标词在每种目标词水平（L/S/N 目标词）中各占 50%；为防止目标词颜色识别影响目标词语义的加工(Stroop 1935：643-662)，目标词的颜色在三种目标词水平之间交叉平衡，并在两种（长距离/短距离语境）回指句型之间交叉平衡；红、绿反应键在被试间交叉平衡。实验前让被试阅读并充分理解实验指导语，要求被试默读并理解每组实验语句，以最快的速度完成词汇判断任务，并做出按键反应。行为学实验结束后，要求被试在相关线索的帮助下回忆部分实验语句的内容，这样能够保证被试在完成实验任务的过程中认真阅读实验语句，但是不必专门对其记忆。所有被试均能在线索的帮助下

完成回忆任务。

3.2.1.4 实验过程

实验在隔声实验室进行。被试坐在一张舒适的椅子上,实验刺激材料用电脑屏幕随机视觉呈现给被试。视距约 1.2 米,视角约为 5.05°×6.06°,字体为 60 号黑色宋体,屏幕背景为浅灰色。实验要求被试水平注视屏幕中央,默读并理解屏幕上呈现的句子。在实验语句呈现前,屏幕上会出现一个加号"＋"型注视点,呈现时间 500 毫秒,标志着一组实验的开始。注视点之后呈现每组刺激的语境句,呈现时间 3 500 毫秒,后跟 500 毫秒空屏,之后逐词呈现"自己"回指句,每个词呈现 500 毫秒,后跟 500 毫秒空屏(400—500 毫秒每词的阅读刺激呈现频率符合汉语母语者的自然阅读习惯)(Ye & Zhou,2008;Jiang & Zhou,2009)。句子的最后一个词"自己"为启动词,"自己"呈现完毕后立即呈现目标词(字体颜色为红色或绿色);启动词"自己"与目标词之间的刺激间隔时间为 0 毫秒。实验任务是以最快的速度判断目标词的颜色,并做出按键反应。两组刺激之间的时间间隔为 2 000 毫秒。实验分四个模块,在正式实验前有练习模块。

3.2.1.5 数据处理和统计分析

启动效应仅在刺激后 1 000 毫秒内有效,因此超过 1 000 毫秒的反应时被自动剔除。同时,为了减小极端数据对实验结果的影响,大于或小于 2×(乘以)标准差的数据也从平均反应时的计算中被剔除。正确率过低的(一位)被试数据从统计分析中被剔除。

用 SPSS16.0 对反应时和正确率数据进行两因素(语境目标词)重复测量方差分析(ANOVA),其中,语境和目标词为两个被试内因素,语境因素分两个水平(长距离语境、短距离语境),目标词因素分三个水平(L 目标词、S 目标词、N 目标词)。统计结果用 Greenhouse-Geiss 法进行校正。由于语义启动范式的主要考查指标为反应时,正确率数据在本研究中仅作参考。(实验 1 不同语境下三种目标词的平均反应时和正确率见表 3.2)

表 3.2 实验 1 不同语境下三种目标词的反应时和正确率

刺激类型	目标词	反应时	正确率
长距离回指	L 目标词	425 ms	98.0%
	S 目标词	464 ms	97.5%
	N 目标词	433 ms	85.8%

（续表）

刺激类型	目标词	反应时	正确率
短距离回指	L 目标词	449 ms	93.2%
	S 目标词	437 ms	94.0%
	N 目标词	440 ms	90.0%

3.2.2 结果

对反应时数据进行两个因素（语境×目标词）重复测量方差分析，结果没有发现显著的语境类型主效应或目标词类型主效应。语境与目标词的交互作用显著（F(2,18,=7.67,p=0.018）。 通过简单效应分析显示：对 L 目标词来说，其在长距离语境下的反应时（425 ms）显著短于其在短距离语境下的反应时（449 ms，p=0.027）；而对 S 目标词来说，其在短距离语境下的反应时（437 ms）显著短于在其长距离语境下的反应时（464 ms，p=0.012）。 此外，简单效应分析还显示：在长距离语境条件下，L 目标词（425 ms，p=0.007）与 N 目标词（433 ms，p=0.036）的反应时都显著短于 S 目标词的反应时（464 ms）；而在短距离语境条件下，三种目标词的反应时没有显著差别（p>0.10）

同样对正确率（ACC）数据进行两个因素（语境×目标词）重复测量方差分析目标词类型主效应显著（F=14.92，p<0.001）：L 目标词（95.6%，p=0.002）与 S 目标词（95.8%，p<0.001）的正确率都显著高于 N 目标词的正确率（87.9%）。语境与目标词的交互作用显著（F=5.44，p=0.016），简单效应分析显示：在长距离语境条件下，L 目标词（98.0%，p<0.001）与 S 目标词的正确率（97.5%，p<0.001）显著高于 N 目标词的正确率。

3.2.3 行为学研究 1 讨论

反应时的统计分析结果显示，L 目标词在长距离语境下的反应时显著短于在短距离语境下的反应时，而 S 目标词在短距离语境下的反应时显著短于在长距离语境下的反应时，表现出目标词在相应语境下的启动效应。这样的结果说明：在语境影响下，"自己"回指句的阅读一旦完毕（启动词"自己"与目标词之间的刺激间隔时间为 0 毫秒），反身代词"自己"与语境所指向的先行语之间就立即建立了语义联系，而语义联系的建立重新激活了语境所指向的先行语，表现为与先行语语义相关的目标词在相应的语境下命名时间更短。这有力地证明了：语境在"自己"回指加工的初期阶段就开始起作用，即语境信息一旦被获取就即时影响"自己"回指加工。

此外，反应时数据还显示：在长距离语境条件下，L 目标词与 N 目标词的反应时显著短于 S 目标词的反应时，而在短距离语境条件下，三种目标词的反应时没有显著区别；在长距离语境条件下表现出 L 目标词的启动效应，而在短距离语境条件下却没有相应目标词（S 目标词）的启动效应。这说明虽然语境即时影响"自己"回指加工，但在"自己"回指的初期认知加工阶段，语境信息的加工仍然不充分/不平衡，表现出长距离回指（加工）优势。

本研究探测到的长距离回指（加工）优势与"自己"回指的主语倾向性相符。主语倾向性是指，与英语反身代词受局部（句法）约束回指短距离先行词的倾向相反，汉语反身代词"自己"倾向于选择（某句法层次上的）主语为先行语的现象（Huang，1982；Mohanan，1982：163 - 190）。例如，在英语句子"John$_j$ gave Mary$_m$ a picture of herself$_m$"中，反身代词"herself"回指直接宾语"Mary"，而在对等的汉语句子"John$_j$ 给 Mary$_m$ 一张自己$_j$ 的照片"中，反身代词"自己"倾向于回指主语"John"。

本书将结合凸显理论和先行提述者优势效应来解释本研究发现的长距离回指（加工）优势。凸显原是一个心理学范畴，指某成分在认知结构或认知过程中的显著程度。在认知语言学中，凸显是句法分析的基础之一；语法结构很大程度上是对周围环境概念化的反映，而概念化过程受注意的制约；一般来说，在认知过程中具有高凸显度的实体，尤其是事件的施行者，可能会优先成为句子的主语，而非凸显的实体或非凸显的事件参与者会成为句子的宾语或其他句法成分（Ungerer & Schmid，1996）。根据心理学的图形-背景理论，语言学家 Langacker（1991）提出了语言学的轨道-地标理论，认为对句子主语和宾语的选择不是一个逻辑或语法范畴，而是一个有关识解的认知范畴，是有关焦点的心理范畴，是概念描述中的凸显范畴。Ariel（1988：65 - 87，1990，1994：3 - 42）的回指可及性研究表明，凸显度是一个语言单位的可及性（accessibility，指从大脑记忆系统中提取一个单位的便捷程度）的重要影响因素，高凸显度的语言单位可及性更高，更易于从工作记忆中被提取，是否是篇章主题是决定语言单位凸显度的主要因素。Xu（2004）和 Jiang（2006）将主题定义为：只有当读者能够推断作者写语篇 D 的目的是提供更多实体 E 的相关信息时，实体 E 才是语篇 D 的主题。典型的非标记性的（unmarked）篇章主题一般是句子的句法主语（Halliday，1994）。在本研究中，长距离先行词在"自己"回指句中占据句法主语的位置，是动作的施行者，这样长距离先行词就比短距离先行词具有更高的凸显度,在句子加工中更易于从工作记忆中提取,这可能会造成本研究探测到的长距离回指(加工)优势。

此外,阅读中的先行提述者优势效应也可以解释本研究中的长距离回指(加工)优势。Gernsbacher & Hargreavex(1998)提出,语言理解的认知过程可以被比作一个简单的结构构建框架,语言理解的过程就是一个构建关于输入信息的持续的连贯的心理表征或心理框架的过程。结构构建框架一个主要认知基础就是句子理解中的先行提述者优势效应,其主要表现形式是:当句子中包含两个参与者成分,那么首先被提及的成分较之后提及的成分具有更高的激活程度,更易于从记忆中提取。Gernsbacher & Hargreavex(1998:699 - 717)用句子阅读实验证明了先行提述者优势效应。其实验结果显示:当被试读"Lucy beat Lily in the state tennis match"这样的句子时,识别"Lucy"这一先行提及的句子成分比识别后提及的"Lily"这一成分更快;反之,当被试读"Lily beat Lucy in the state tennis match"这样的句子时,识别"Lily"这一先行提及的句子成分比识别后提及的"Lucy"这一成分更快。这说明在句子理解中,先行提及的参与者成分激活程度更高,更易于从工作记忆中提取。在本研究中,长距离先行词是先行提及的参与者成分,短距离先行词是后提及的参与者成分,根据先行提述者优势效应,在"自己"回指句的加工中,长距离先行词应该激活程度更高,更易于从工作记忆中提取,这也可能会造成本研究中探测到的长距离回指(加工)优势。

行为学实验 1 所探测到的"自己"回指加工初期阶段的特征与高立群等(2005)在无语境条件下"自己"回指加工的行为学研究中探测到的初期阶段的特征不同。高立群等(2005)对无语境条件下的"自己"回指加工进行了(语义启动)行为学研究,实验唯一变量为先行词的句法位置。结果显示,给与短距离先行词语义相关的词汇命名比给与长距离先行词语义相关的词汇命名反应时更短,表明"自己"回指在其加工的初期阶段,在句法层面上,有与 A 原则相符的局部约束倾向。高立群等(2005)进一步推论,长距离"自己"回指可能是由句法以外的(如语境或语义)因素决定的,这些因素可能在回指加工的后期才起作用。本行为学实验 1 所探测到的"自己"回指加工初期阶段的特征与高立群等(2005)的研究所探测到的特征不同:第一,本行为学实验 1 的结果表明,语境在"自己"回指加工的初期阶段就开始起作用,推翻了高立群等(2005)关于语境或语义等因素在回指加工的后期才起作用的假设;第二,行为学实验 1 中探测到的"自己"的长距离回指(加工)优势与高立群等(2005)探测到的"自己"的局部约束倾向不符。高立群等(2005)的行为学实验严格控制了语义和语境等因素,实验唯一变量是先行词的句法位置,而行为学实验 1 的唯一变量为语境因素,通过语境来操纵"自己"的指称,由此推论:在排除了语义和语境等因素的影响的条件下,"自己"回指在其加工的早期阶段,倾向于首先接受句法约束(A 原则)的制约,进行短距离回指;而在有语境的条件下,"自己"回指在其加工的初期阶段便开始整合语境信息。综上所述,在不同因素(变量)的影响下,"自己"回指的初期加工阶段表现出不同的特征。

从人类认知加工进程来看,刺激后 200 毫秒以内为早知觉加工阶段,受刺激的物理属性(如强度、类型、频率等)的影响;刺激后 200 毫秒至数秒为后知觉加工阶段,不再受刺激的物理属性的影响,而与深层次的认知心理加工(如选择和记忆更新)相关(赵仑,2010)。由此,或许可以推论:①"自己"回指加工的初期阶段可能受刺激的物理属性,如出现时间(表现为先行提述者优势效应)和句法位置(表现为句法位置凸显效应)的影响;而"自己"回指加工的后期应该进入深层次认知加工,如语义、语境和句法整合,而不再受刺激的物理属性的影响。②随着语境加工的深入,语境信息整合应该更加充分,那么,在"自己"回指加工的后期阶段,在长距离和短距离语境下都应该探测到目标词在相应语境下的启动效应,而在初期加工阶段探测到的长距离回指(加工)优势应该消失。

3.2.4　行为学实验 1 小结

行为学实验 1 用语义启动技术探测了语境影响下"自己"回指加工初期阶段的特征,研究结果能够有效地回答行为学实验 1 要回答的两个问题:语境信息是否在"自己"回指加工的初期阶段就开始起作用? 如果第一个问题的答案是肯定的,那么语境如何影响"自己"回指加工的初期阶段?

行为学实验 1 发现,L 目标词在长距离语境下的反应时显著短于在短距离语境下的反应时,而 S 目标词在短距离语境下的反应时显著短于在长距离语境下的反应时,表现出目标词在相应语境下的启动效应,证明语境信息在"自己"回指的初期加工阶段便开始起作用。此外,研究还发现了在长距离语境条件下 L 目标词的启动效应,而在短距离语境条件下却没有相应目标词(S 目标词)的启动效应,表明尽管语境信息在"自己"回指的初期加工阶段便开始起作用,但是在初期认知加工阶段,语境信息的加工仍然不充分/不平衡,表现出长距离回指(加工)的优势。

行为学研究 1 用凸显理论和先行提述者优势效应解释了本研究发现的长距离回指(加工)优势;并发现实验探测到的语境影响下"自己"回指加工初期

阶段的特征符合人类认知加工的进程,即初期加工阶段(刺激200毫秒内,早知觉加工阶段)受刺激的物理属性如出现时间(表现为先行提述者优势效应)和句法位置(表现为句法位置凸显效应)的影响。

语境影响下"自己"回指加工的中、后期阶段会有怎样的特征?不同因素(语境、句法等)在中、后期加工阶段又会起怎样的作用?在人类后知觉加工阶段(刺激后200毫秒至数秒),是否会充分整合语境信息,致使初期加工阶段探测到的长距离回指(加工)的优势消失?行为学实验2和行为学实验3将探讨这些问题。

3.3 行为学实验2

行为学实验2用语义启动技术探测语境影响下"自己"回指加工在刺激160毫秒后加工阶段的特征。实验要求:被试阅读不同(长距离、短距离)语境下的"自己"回指句,之后完成词汇判断(判断目标词的颜色)任务;目标词在语义上或与长距离先行语相关,或与短距离先行语相关,或为中性词;启动词"自己"和目标词之间的刺激间隔时间为160毫秒。实验将记录和分析被试阅读完不同(长距离、短距离)语境下的"自己"回指句后对不同类型(与长距离先行词语义相关、与短距离先行词语义相关、语义中性)的目标词进行颜色判断的反应时和正确率数据。

3.3.1 实验方法

3.3.1.1 实验设计

行为学实验2采用与行为学实验1相同的2×3实验设计。语境和目标词为两个被试内因素,语境因素分两个水平——长距离回指语境、短距离回指语境,目标词因素分三个水平——L目标词(与长距离先行词语义相关的目标词)、S目标词(与短距离先行词语义相关的目标词)、N目标词(语义中性,与长距离、短距离均不相关的目标词)。

3.3.1.2 被试

30名被试(同济大学或上海师范大学学生)参加了本研究的行为学实验2。30名被试(16男14女)年龄从23到38岁,平均年龄为27.16岁。所有的被试均为汉语母语者,对实验目的和内容完全不知情,均未参加过本研究的其他实验,也未参与实验前的语料判断任务。他们都是右利手,裸眼视力或矫正视力正常,无神经系统疾病或损伤,近期亦未服用过任何药物。被试在实验前签署了实验知情书,实验后将获得适当的报酬或相应的课程学分。

表 3.3　行为学实验 2 刺激类型和实验材料举例

刺激类型	例　句							刺激间隔	目标词
长距离语境	记者在采访中不尊重老师, Jizhe zai caifangzhong bu zunzhong laoshi, Reporter in interview not respect teacher, The reporter didn't respect the teacher in the interview,	老师 Laoshi Teacher The teacher	告诉 gaosu told told	记者 jizhe reporter the reporter	要 yao to to	尊重 zunzhong respect respect	自己。 ziji ziji him	＊＊＊＊ (160 ms)	学生 Student (L 目标词)
	记者在采访中不尊重老师,	老师	告诉	记者	要	尊重	自己。	＊＊＊＊ (160 ms)	新闻 News (S 目标词)
	记者在采访中不尊重老师,	老师	告诉	记者	要	尊重	自己。	＊＊＊＊ (160 ms)	汽车 Car (N 目标词)
短距离语境	老师发现记者很不自重, Laoshi faxian jizhe hen bu zizhong, Teacher find reporter not self-respect, The teacher found the reporter wasn't self-respect,	老师 Laoshi Teacher The teacher	告诉 gaosu told told	记者 jizhe reporter the reporter	要 yao to to	尊重 zunzhong respect respect	自己。 ziji ziji himself	＊＊＊＊ (160 ms)	学生 Student (L 目标词)
	老师发现记者很不自重,	老师	告诉	记者	要	尊重	自己。	＊＊＊＊ (160 ms)	新闻 News (S 目标词)
	老师发现记者很不自重,	老师	告诉	记者	要	尊重	自己。	＊＊＊＊ (160 ms)	汽车 Car (N 目标词)

3.3.1.3　实验刺激和任务

行为学实验 2 采用了行为学实验 1 的实验语句（语料收集、判断、提取和构建过程见本书第 4.2 小节）和填充语句。实验语句共 84 条，都由语境句和"名词短语$_1$＋动词$_1$＋名词短语$_2$＋动词$_2$＋自己"结构的"自己"回指句（名词短语为人的称谓或名字）构成，其中 42 条为长距离回指句型（根据语境，"自己"回指名词短语$_1$），42 条为短距离回指句型（根据语境，"自己"回指名词短语$_2$）。每条实验语句分别搭配三种目标词：与长距离先行词语义相关的目标词（简称 L 目标词），与短距离先行词语义相关的目标词（简称 S 目标词），与二者语义均不相关、语义中性的目标词（简称 N 目标词）。同一条实验语句每个被试只读一次。实验设置词汇判断任务（判断目标词的颜色是红色或绿色，并做出按键反应）。（刺激类型和实验材料举例见表 3.3）

3.3.1.4　实验过程

行为学实验 2 采用与行为学实验 1 相同的实验程序，但是启动词与目标词之间的刺激间隔时间设置与行为学实验 1 不同。（具体实验过程和参数设置见本书第 3.2 小节行为学实验 1）

实验在隔声实验室进行。实验刺激材料用电脑屏幕随机视觉呈现给被试。实验要求被试水平注视屏幕中央，默读并理解屏幕上呈现的句子。首先呈现的是注视点（呈现时间 500 毫秒），之后呈现每组刺激的语境句（呈现时间 3 500 毫秒，后跟 500 毫秒空屏），然后逐词呈现"自己"回指句（每个词呈现 500 毫秒，后跟 500 毫秒空屏）。句子的最后一个词"自己"为启动词，"自己"呈现完毕后呈现目标词（字体颜色为红色或绿色），启动词"自己"与目标词之间的刺激间隔时间为 160 毫秒。实验任务是以最快的速度判断目标词的颜色，并做出按键反应。两组刺激之间的时间间隔为 2 000 毫秒。实验分四个模块，正式实验前有练习模块。

3.3.1.5　数据处理和统计分析

启动效应仅在刺激后 1 000 毫秒内有效，因此超过 1 000 毫秒的反应时被自动剔除。同时，为了减小极端数据对实验结果的影响，大于或小于 2×（乘以）标准差的数据也从平均反应时的计算中被剔除，正确率过低的（一位）被试数据从统计分析中被剔除。

用 SPSS16.0 对反应时和正确率数据进行两因素（语境×目标词）重复测量方差分析（ANOVA）：其中，语境和目标词为两个被试内因素，语境因素分两个水平（长距离、短距离语境），目标词因素分三个水平（L 目标词、S 目标词、N 目标词）。统计结果用 Greenhouse-Geiss 法进行校正。由于语义启动范式的

主要考查指标为反应时，正确率数据在本研究中仅作参考。（实验 2 不同语境下三种目标词的平均反应时和正确率见表 3.4）

表 3.4　实验 2 不同语境下三种目标词的反应时和正确率

刺激类型	目标词	反应时	正确率
长距离回指	L 目标词	421 ms	98.7%
	S 目标词	445 ms	93.6%
	N 目标词	423 ms	90.4%
短距离回指	L 目标词	459 ms	98.7%
	S 目标词	421 ms	97.4%
	N 目标词	440 ms	91.7%

3.3.2　结果

对反应时数据进行两因素（语境 × 目标词）重复测量方差分析，发现显著的语境类型主效应 [$F=9.70$，$p=0.012$] 以及语境与目标词的交互作用显著 [$F=17.56$，$p<0.001$]。简单效应分析显示：对 L 目标词来说，其在长距离语境下的反应时（421 ms）显著短于其在短距离语境下的反应时（459 ms，$p<0.001$）；而对 S 目标词来说，其在短距离语境下的反应时（421 ms）显著短于在其长距离语境下的反应时（445 ms，$p=0.006$）。此外，简单效应分析还显示：在长距离语境条件下，L 目标词（421ms，$p=0.022$）与 N 目标词（423 ms，$p=0.016$）的反应时都显著短于 S 目标词的反应时（445 ms）；而在短距离语境条件下，S 目标词（421 ms，$p=0.001$）与 N 目标词（440 ms，$p=0.024$）的反应时都显著短于 L 目标词的反应时（459 ms）。

同样对正确率数据进行两因素（语境 × 目标词）重复测量方差分析，发现目标词类型主效应显著 [$F=24.22$，$p<0.001$]，L 目标词（98.7%，$p<0.001$）与 S 目标词（95.5%，$p=0.006$）的正确率都显著高于 N 目标词的正确率（91.1%）。

3.3.3　讨论

与行为学实验 1 的结果一样，行为学实验 2 的反应时数据显示，L 目标词在长距离语境下的反应时显著短于在短距离语境下的反应时，而 S 目标词在短距离语境下的反应时显著短于在长距离语境下的反应时,表现出目标词在语义相关语境下的启动效应,说明在此加工阶段语境对"自己"回指加工的影响。

此外,反应时数据还显示,在长距离语境条件下,L 目标词与 N 目标词的反应时显著短于 S 目标词的反应时,而在短距离语境条件下,S 目标词与 N 目标词的反应时显著短于 L 目标词的反应时。与实验 1 的结果不同(在长距离语境条件下发现 L 目标词的启动效应,而在短距离语境条件下却没有发现相应目标词的启动效应),在实验 2 中,在长距离和短距离语境下都表现出相应目标词的启动效应,这说明语境信息在此阶段加工得更加深入和充分。由此,我们推论,在刺激 160 毫秒后,"自己"回指加工进入充分语境信息整合的加工阶段。

从人类认知加工的过程来看,刺激后 200 毫秒以内为早知觉加工阶段,受刺激的物理属性(如强度、类型、频率等)的影响;刺激后 200 毫秒至数秒为后知觉加工阶段,不再受刺激的物理属性的影响,而与深层次的认知心理加工相关(赵仑,2010)。行为学实验 2 的结果支持了本书在行为学研究 1 中根据人类认知加工进程对语境影响下"自己"回指加工的进程所做的推论。在本加工阶段(刺激 160 毫秒之后),语境信息被整合得更加充分,在长距离和短距离语境下都发现了先行词对相应目标词的启动效应;在行为学实验 1("自己"回指的初期加工阶段)中发现的长距离回指(加工)优势在行为学实验 2 中也已经消失,说明在此加工阶段语境影响下的"自己"回指进入深层次的认知-心理加工,而不再受刺激(先行词)的物理属性的影响。

行为学实验 2 所探测到的语境影响下"自己"回指加工在刺激 160 毫秒后的特征与刘兆静(2009)探测到的无语境条件下"自己"回指同一加工阶段的特征不同。刘兆静(2009)对无语境条件下的"自己"回指在刺激 160 毫秒后这一阶段的加工进行了(语义启动)行为学研究,实验唯一变量为先行词的句法位置,结果显示,对长距离先行词语义相关目标词的反应时比对短距离先行词语义相关目标词的反应时更短,表明在本加工阶段,"自己"倾向于受长距离约束。本行为学实验 2 的结果显示,语境操纵下的"自己"回指加工在此阶段进入充分语境信息整合。刘兆静(2009)认为其研究中的"自己"长距离约束倾向仍然是句法加工的结果,原因在于:首先,实验严格控制了语义和语境等信息,唯一变量是先行词的句法位置,排除了语义和语境信息的影响;其次,如果在此加工阶段,长距离先行词对相关目标词的启动是语义加工的结果,那么短距离先行词也应该启动相应的目标词,但是实验中并没有发现与短距离先行词语义相关的目标词的启动效应。综上所述,在不同因素(变量)的影响下,"自己"回指在刺激 160 毫秒后的加工阶段表现出不同的特征。

行为学实验 2 的结果显示,在刺激 160 毫秒后的加工阶段还没有探测到(管约理论 A 原则)句法约束对语境影响下的"自己"回指加工有显著的影响。关于英语反身代词回指加工的 ERP 研究(Osterhout & Mobley,1995;Osterhout,Bersick & McLaughli,1997;Friederici,Steinhauer,Mecklinger & Meyer,1998)发现,反身代词和先行词之间某些语法范畴(如性和数)的失匹配会诱发 P600 效应,而非 N400 效应,研究者认为,P600 效应代表着句法复审过程,表明回指语主要通过句法加工机制与其先行语建立共指关系(语义加工机制在此过程中仅起次要作用)。关于无语境条件下"自己"回指加工的行为学和 ERP 研究显示,在无语境条件下,"自己"倾向于受局部约束(高立群等,2005;刘兆静,2009),而违反 A 原则的长距离"自己"回指会耗费更多的大脑加工资源(用于句法复审/第二轮句法整合),表现为更长的加工时间或 P600 波幅的增大(Li & Zhou,2010)。以上研究表明,句法加工机制在英语反身代词回指加工中起重要作用,而无语境条件下的汉语反身代词"自己"的回指加工也表现出与管约理论 A 原则的句法约束相符的趋势。那么有语境条件下的"自己"回指加工是否会表现出与 A 原则的句法约束相符的趋势呢?

在 ERP 研究中,违反句法约束所诱发的 P600 成分,其潜伏期在刺激后400 到 1 000,为句法复审/第二轮句法整合发生的时间窗;这一时间窗与行为学实验 3 所探测的语境影响下"自己"回指的加工阶段(刺激 370 毫秒后)相重合。在这里或许可以假设,如果语境影响下的"自己"回指加工符合管约理论 A 原则的句法约束,那么违反句法约束的长距离"自己"回指会消耗更多的大脑加工资源,用于句法复审/第二轮句法整合。语境影响下的长距离"自己"回指,其句法复审/第二轮句法整合过程应该反映为行为学实验 3 中可探测的显著效应。本书将以行为学实验 3 来验证这一假设。

3.3.4　行为学实验 2 小结

行为学实验 2 用语义启动技术探测了语境影响下"自己"回指在刺激 160毫秒后加工阶段的特征。

首先,行为学实验 2 发现了与行为学实验 1 相同的效应,即 L 目标词在长距离语境下的反应时显著短于在短距离语境下的反应时,而 S 目标词在短距离语境下的反应时显著短于在长距离语境下的反应时,表现出目标词在相应语境下的启动效应,表明在此加工阶段语境对"自己"回指加工的影响。

此外,行为学实验2发现了在长距离语境条件下 L 目标词的启动效应和在短距离语境条件下 S 目标词的启动效应,表明在此加工阶段语境信息的整合更加充分。这一结果支持了本书在行为学研究1中根据人类认知加工进程对语境影响下"自己"回指加工的进程所做的推论,即在本加工阶段(刺激160毫秒之后),语境影响下的"自己"回指进入深层次的认知-心理加工,语境信息的整合更加充分,在行为学实验1("自己"回指的初期加工阶段)中发现的长距离回指(加工)优势消失。

根据行为学研究2的结果,本研究进一步假设,如果语境影响下的"自己"回指加工符合管约理论A原则的句法约束,违反句法约束的长距离"自己"回指会消耗更多的大脑加工资源,长距离"自己"回指对大脑资源的消耗在行为学实验3要探测的语境影响下"自己"回指加工的下一阶段(刺激370毫秒后)应该反映为可探测的显著效应。

3.4　行为学实验3

行为学实验3用语义启动技术探测语境影响下"自己"回指加工在启动词呈现370毫秒后加工阶段的特征。实验要求:被试阅读不同(长距离、短距离)语境下的"自己"回指句,之后完成词汇判断(判断目标词的颜色)任务;目标词在语义上或与长距离先行词相关,或与短距离先行词相关,或为中性词;在实验3中,启动词"自己"和目标词的刺激间隔时间为370毫秒。实验将记录和分析被试阅读完不同(长距离、短距离)语境下的"自己"回指句后对不同类型(与长距离先行词语义相关、与短距离先行词语义相关、语义中性)的目标词进行颜色判断的反应时和正确率数据。

3.4.1　实验方法

3.4.1.1　实验设计

行为学实验3采用与行为学实验1相同的2×3实验设计。语境和目标词为两个被试内因素,语境因素分两个水平——长距离回指语境、短距离回指语境,目标词因素分三个水平——L 目标词(与长距离先行词语义相关的目标词)、S 目标词(与短距离先行词语义相关的目标词)、N 目标词(语义中性,与长距离、短距离均不相关的目标词)。

3.4.1.2　被试

30 名被试(上海师范大学学生)参加了本研究的行为学实验 3。30 名被试(17 男 13 女)年龄从 21 到 29 岁,平均年龄为 25.07 岁。所有的被试均为汉语母语者,对实验目的和内容完全不知情,均未参加过本研究的其他实验,也未参与实验前的语料判断任务。他们都是右利手,裸眼视力或矫正视力正常,无神经系统疾病或损伤,近期亦未服用过任何药物。被试在实验前签署了实验知情书,实验后将会获得相应的课程学分。

3.4.1.3　实验刺激和任务

行为学实验 3 采用了行为学实验 1 的实验语句(语料收集、判断、提取和构建过程见本书另 3.2 小节)和填充语句。实验语句共 84 条,都由语境句和"名词短语$_1$ + 动词$_1$ + 名词短语$_2$ + 动词$_2$ + 自己"结构的"自己"回指句(名词短语为人的称谓或名字)构成,其中 42 条为长距离回指句型(根据语境,"自己"回指名词短语$_1$),42 条为短距离回指句型(根据语境,"自己"回指名词短语$_2$)。每条实验语句分别搭配三种目标词:与长距离先行词语义相关的目标词(简称 L 目标词),与短距离先行词语义相关的目标词(简称 S 目标词),与二者语义均不相关、语义中性的目标词(简称 N 目标词)。同一条实验语句每个被试只读一次。实验设置词汇判断任务(判断目标词的颜色是红色或绿色,并做出按键反应)。(刺激类型和实验材料举例见表 3.5)

表 3.5　行为学实验 3 刺激类型和实验材料举例

刺激类型	例　　句						刺激间隔	目标词
长距离语境	记者在采访中不尊重老师， Jizhe zai caifangzhong bu zunzhong laoshi, Reporter in interview not respect teacher, The reporter didn't respect the teacher in the interview,	老师 Laoshi Teacher The teacher	告诉 gaosu told told	记者 jizhe reporter the reporter	要 yao to to	尊重 zunzhong respect respect	自己。 ziji ziji him	＊＊＊＊ (370 ms)	学生 Student (L 目标词)
	记者在采访中不尊重老师，	老师	告诉	记者	要	尊重	自己。	＊＊＊＊ (370 ms)	新闻 News (S 目标词)

（续表）

刺激类型	例 句						刺激间隔	目标词
长距离语境	记者在采访中不尊重老师，	老师	告诉	记者	要	尊重	自己。	＊＊＊＊（370 ms）	汽车Car（N目标词）
短距离语境	老师发现记者很不自重， Laoshi faxian jizhe hen bu zizhong, Teacher find reporter not self-respect, The teacher found the reporter wasn't self-respect,	老师Laoshi Teacher The teacher	告诉gaosu told told	记者jizhe reporter the reporter	要yao to to	尊重zunzhong respect respect	自己。ziji ziji himself	＊＊＊＊（370 ms）	学生Student（L目标词）
	老师发现记者很不自重，	老师	告诉	记者	要	尊重	自己。	＊＊＊＊（370 ms）	新闻News（S目标词）
	老师发现记者很不自重，	老师	告诉	记者	要	尊重	自己。	＊＊＊＊（370 ms）	汽车Car（N目标词）

3.4.1.4 实验过程

行为学实验 3 采用与行为学实验 1 相同的实验程序，但是启动词与目标词之间的刺激间隔时间设置与行为学实验 1 不同（具体实验过程和参数设置见本书第 3.2 小节）。

实验在隔声实验室里进行。实验刺激材料用电脑屏幕随机视觉呈现给被试。实验要求被试水平注视屏幕中央，默读并理解屏幕上呈现的句子。首先呈现的是注视点（呈现时间 500 毫秒），之后呈现每组刺激的语境句（呈现时间 3 500 毫秒，后跟 500 毫秒空屏），然后逐词呈现"自己"回指句（每个词呈现 500 毫秒，后跟 500 毫秒空屏）。句子的最后一个词"自己"为启动词，"自己"呈现完毕后呈现目标词（字体颜色为红色或绿色）；启动词"自己"与目标词之间的刺激间隔时间为 370 毫秒。实验任务是以最快的速度判断目标词的颜色，并做出按键反应。两组刺激之间的时间间隔为 2 000 毫秒。实验分四个模块，正式实验前有练习模块。

3.4.1.5　数据处理和统计分析

启动效应仅在刺激后 1 000 毫秒内有效,因此超过 1 000 毫秒的反应时被自动剔除。同时,为了减小极端数据对实验结果的影响,大于或小于 2×(乘以)标准差的数据也从平均反应时的计算中被剔除。正确率过低的(一位)被试数据从统计分析中被剔除。

用 SPSS16.0 对反应时和正确率数据进行两个因素(语境×目标词)重复测量方差分析(ANOVA),其中,语境和目标词为两个被试内因素,语境因素分两个水平(长距离、短距离语境),目标词因素分三个水平(L 目标词、S 目标词、N 目标词)。统计结果用 Greenhouse-Geiss 法进行校正。由于语义启动范式的主要考查指标为反应时,正确率数据在本研究中仅作参考。(实验 3 不同语境下三种目标词的平均反应时和正确率见表 3.6)

表 3.6　实验 3 不同语境下三种目标词的反应时和正确率

刺激类型	目标词	反应时	正确率
长距离回指	L 目标词	379 ms	98.0%
	S 目标词	403 ms	94.0%
	N 目标词	387 ms	88.6%
短距离回指	L 目标词	413 ms	97.5%
	S 目标词	375 ms	97.0%
	N 目标词	410 ms	89.1%

3.4.2　结果

对反应时数据进行两因素(语境×目标词)重复测量方差分析,发现显著的语境类型主效应[$F = 9.66$, $p = 0.011$]。此外,也发现了显著的目标词类型主效应[$F = 7.26$, $p = 0.008$]、S 目标词的反应时(389 ms)短语 L 目标词(396 ms)和 N 目标词(398 ms, $p = 0.004$)。语境与目标词的交互作用显著[$F = 48.78$, $p < 0.001$]。简单效应分析显示:对 L 目标词来说,其在长距离语境下的反应时(379 ms)显著短于其在短距离语境下的反应时(413 ms, $p < 0.001$);而对 S 目标词来说,其在短距离语境下的反应时(375 ms)显著短于其在长距离语境下的反应时(403 ms, $p = 0.001$)。此外,简单效应分析还显示:在长距离语境条件下,L 目标词(379 ms, $p < 0.001$)与 N 目标词

（387 ms，$p = 0.014$）的反应时显著短于 S 目标词（403 ms）的反应时；而在短距离语境条件下，S 目标词（375 ms）的反应时显著短于 L 目标词（413 ms，$p < 0.001$）和 N 目标词（410 ms，$p < 0.001$）的反应时。

同样对正确率数据进行两因素（语境×目标词）重复测量方差分析，目标词类型主效应显著［$F = 43.38$，$p < 0.001$］，L 目标词（97.8%，$p < 0.001$）与 S 目标词（95.5%，$p < 0.001$）的正确率都显著高于 N 目标词（88.9%）的正确率。

3.4.3　讨论

首先，与行为学实验 1 和行为学实验 2 的结果一样，实验 3 的反应时数据也显示 L 目标词在长距离语境下的反应时显著短于在短距离语境下的反应时，而 S 目标词在短距离语境下的反应时显著短于在长距离语境下的反应时，表现出目标词在语义相关语境下的启动效应，说明了语境信息对"自己"回指的三个加工阶段都有影响。与行为学实验 2 的结果一样，行为学实验 3 的反应时数据还显示，在长距离语境条件下，L 目标词与 N 目标词的反应时显著短于 S 目标词的反应时，而在短距离语境条件下，S 目标词与 N 目标词的反应时显著短于 L 目标词的反应时。在长距离和短距离语境下都表现出先行词对相应目标词的启动效应，说明语境信息的充分加工。

除了以上结果，行为学实验 3 也探测到不同于实验 1 和实验 2 的新结果：行为学实验 3 的反应时分析结果发现了目标词类型主效应，S 目标词的反应时明显短于 L 目标词和 N 目标词的反应时，即在此加工阶段（刺激 370 毫秒后）表现出"自己"受局部约束的倾向。在本研究的背景下，我们将此"局部约束倾向"解释为是管约理论 A 原则的句法约束的结果。关于英语反身代词回指加工的 ERP 研究（Osterhout & Mobley，1995；Osterhout，Bersick & McLaughli，1997；Friederici，Steinhauer，Mecklinger & Meyer，1998）发现：反身代词和先行词之间某些语法范畴（如性和数）的失匹配会诱发 P600 效应，而非 N400 效应，研究者认为，P600 效应代表着句法复审过程，表明回指语主要通过句法加工机制与其先行语建立共指关系（语义加工机制在此过程中仅起次要作用）。无语境条件下"自己"回指加工的行为学研究（Gao et al.，2005；Liu，2009）发现：无语境条件下"自己"回指加工的初期（启动词"自己"与目标词的刺激间隔时间为 0 毫秒），给与短距离先行词语义相关的词汇命名比给与长距离先行词语义相关的词汇命名反应时更短，表明"自己"回指在其加工的早期阶段，倾向于首先受句法因素影响，表现出与 A 原则相符的局部约束倾向。无语境条件下"自己"回指加工的 ERP 研究(Li & Zhou, 2010)发现：相对于短距离回指情况，"自己"在长距离回指情况下诱发了更大的 P300 和 P600 波幅，说明违反 A 原则的长距离"自己"回指会耗费更多的大脑加工资源；其中 P300 效应被认为反映了对于基于 A 原则建立的(短距离回指)心理表征和基于动词语义建立的(长距离回指)心理表征的不符的探测；而 P600 效应则可能与将"自己"与长距离先行词进行连接的第二轮句法整合过程相关。以上研究表明，句法加工机制在英语反身代词回指加工中起重要作用，而无语境条件下的"自己"回指加工也表现出与管约理论 A 原则的句法约束相符的趋势。在 ERP 研究中，违反句法约束(A 原则)所诱发的 P600 成分，其潜伏期在刺激后的 400—1 000 毫秒，为句法复审/第二轮句法整合发生的时间窗；这一时间窗与行为学实验 3 所探测的语境影响下"自己"回指的加工阶段(刺激 370 毫秒后)相重合。因此，在行为学研究 2 中做出假设，如果语境影响下的"自己"回指加工符合管约理论 A 原则的句法约束，那么违反句法约束的长距离"自己"回指所诱发的句法复审/第二轮句法整合过程应该反映为在实验 3 中可探测的显著效应。由此，本书认为，在行为学实验 3 中所探测的语境影响下"自己"回指在刺激 370 毫秒后的加工阶段发现的"自己"局部约束倾向(S 目标词的反应时显著短于 L 目标词和 N 目标词的反应时)，反映了由于长距离"自己"回指违反句法约束(管约理论 A 原则)而造成的句法复审/第二轮句法整合过程。这也验证了行为学研究 2 所做的假设。

但是，语境操纵下的"自己"回指在此阶段的加工结果不应该仅仅受句法因素的影响，因为在本研究中，三个行为学实验中的唯一变量为语境因素，而语境因素也被证明在"自己"回指加工的三个阶段中都起作用(反映为三个实验中目标词在语义相关的语境下的启动效应)。由此，本研究推论，在此加工阶段(刺激 370 毫秒后)，语境影响下的"自己"回指加工进入多因素(至少包含语境因素和句法因素)综合整合阶段，而(管辖约束理论 A 原则的)句法约束在这一阶段起主导作用，表现为局部约束倾向。重要的是，(管辖约束理论 A 原则的)句法约束在这一阶段起主导作用表明，乔姆斯基管辖约束理论 A 原则(1981,1986)不仅规定了英语反身代词在回指中受局部约束的情况，也在汉语反身代词"自己"的回指加工中起潜在的制约作用，尽管后者在相关因素(语境、动词语义等)的影响下可以违反 A 原则进行长距离回指。

行为学实验 3 所探测到的"自己"回指加工在刺激 370 毫秒后加工阶段的特征与刘兆静(2009)探测到的无语境条件下"自己"回指同一加工阶段的特征不同。刘兆静(2009)对无语境条件下的"自己"回指在刺激 370 毫秒后这一阶段的加工进行了（语义启动）行为学研究，实验唯一变量为先行词的句法位置。结果显示，在本加工阶段，与长距离先行词语义相关的目标词和与短距离先行词相关的目标词的反应时都短于中性目标词，而前二者之间无显著差别。研究者认为在本加工阶段，长距离和短距离先行词都是通过自身的（词汇）语义激活来启动相应目标词的，由此推论，在无语境条件下，"自己"回指加工在此阶段进入语义整合阶段，而句法整合已经结束。行为学实验3的结果显示，语境操纵下的"自己"回指加工在此阶段进入多因素综合整合阶段，而句法因素在此阶段起主导作用。综上所述，在不同因素（变量）的影响下，"自己"回指在刺激370毫秒后的加工阶段表现出不同的特征。

3.4.4　行为学实验3小结

行为学实验3用语义启动技术探测了语境影响下"自己"回指在启动词呈现370毫秒后加工阶段的特征。

首先，行为学实验3发现了与行为学实验1和2相同的效应，即L目标词在长距离语境下的反应时显著短于在短距离语境下的反应时，而S目标词在短距离语境下的反应时显著短于在长距离语境下的反应时，表现出目标词在相应语境下的启动效应，表明在此加工阶段语境对"自己"回指加工的影响。行为学实验3也发现了与行为学实验2相同的效应，即在长距离语境条件下L目标词的启动效应和在短距离语境条件下S目标词的启动效应，表明在此加工阶段语境信息得到充分整合。

此外，行为学实验3探测到目标词类型主效应，S目标词的反应时明显短于L目标词和N目标词的反应时，在此加工阶段（刺激370毫秒后）表现出"自己"受局部约束的倾向。结合英语反身代词回指加工和无语境条件下"自己"回指加工的生理心理学研究发现的句法因素（包括管约理论A原则的句法约束）在回指加工中的重要作用以及违反句法约束所造成的句法复审/第二轮句法整合发生的时间窗（P600成分的潜伏期为刺激后400—1 000毫秒），本研究将行为学实验3探测到的局部约束倾向解释为是管约理论A原则的句法约束的结果。进而，结合语境因素对此加工阶段的影响，本研究推论，在此加工阶段（刺激370毫秒后），语境影响下的"自己"回指加工进入多因素（至少包含语境因素和句法因素）综合整合阶段，而（管辖约束理论A原则的）句法约束在这一阶段起主导作用。

3.5　行为学研究综合讨论

3.5.1　行为学研究结果简述

本行为学研究通过语义启动范式探测了语境影响下"自己"回指加工在不同阶段的特征。在实验中,被试被要求默读长距离或短距离语境下的"自己"回指句,然后完成词汇选择任务。目标词或者与长距离先行词相关(L 目标词),或者与短距离先行词相关(S 目标词),或者为中性词(N 目标词)。三组行为学实验将分别探测语境影响下"自己"回指在初期加工阶段、在启动词呈现160 毫秒后和呈现 370 毫秒后加工阶段的特征。在实验 1、实验 2 和实验 3中,启动词"自己"与目标词之间的刺激间隔时间分别被设定为 0 毫秒、160 毫秒和 370 毫秒。

行为学实验 1 用语义启动技术探测了语境影响下"自己"回指加工初期阶段的特征。对反应时的统计分析结果发现,L 目标词在长距离语境下的反应时显著短于在短距离语境下的反应时,而 S 目标词在短距离语境下的反应时显著短于在长距离语境下的反应时,表现出目标词在相应语境下的启动效应,证明语境信息在"自己"回指的初期加工阶段便开始起作用。此外,反应时分析还发现了在长距离语境条件下 L 目标词的启动效应,而在短距离语境条件下却没有相应目标词(S 目标词)的启动效应,表明尽管语境信息在"自己"回指的初期加工阶段便开始起作用,但是在初期认知加工阶段,语境信息的加工仍然不充分/不平衡,表现出长距离回指(加工)的优势。

行为学实验 2 用语义启动技术探测了语境影响下"自己"回指在刺激 160毫秒后加工阶段的特征。首先,对行为学实验 2 的反应时分析发现了与行为学实验 1 相同的效应,即 L 目标词在长距离语境下的反应时显著短于在短距离语境下的反应时,而 S 目标词在短距离语境下的反应时显著短于在长距离语境下的反应时,表现出目标词在相应语境下的启动效应,表明在此加工阶段语境对"自己"回指加工的影响。此外,行为学实验 2 的反应时分析发现了在长距离语境条件下 L 目标词的启动效应和在短距离语境条件下 S 目标词的启动效应,表明在此加工阶段语境信息的整合更加充分。

行为学实验 3 用语义启动技术探测了语境影响下"自己"回指在刺激 370毫秒后加工阶段的特征。首先,行为学实验 3 的反应时分析发现了与行为学实验 1 和 2 相同的效应,即 L 目标词在长距离语境下的反应时显著短于在短距离语境下的反应时,而 S 目标词在短距离语境下的反应时显著短于在长距离语境下的反应时,表现出目标词在相应语境下的启动效应,表明在此加工阶段语境对"自己"回指加工的影响。行为学实验 3 的反应时分析也发现了与行为学实验 2 相同的效应,即在长距离语境条件下 L 目标词的启动效应和在短距离语境条件下 S 目标词的启动效应,表明在此加工阶段语境信息得到充分整合。此外,行为学实验 3 的反应时分析探测到目标词类型的主效应,S 目标词的反应时显著短于 L 目标词和 N 目标词的反应时,在此加工阶段(刺激 370 毫秒后)表现出"自己"受局部约束的倾向。根据实验结果推测,在此加工阶段(刺激 370 毫秒后),语境影响下的"自己"回指加工进入多因素(至少包含语境因素和句法因素)综合整合,而(管辖约束理论 A 原则的)句法约束在这一阶段起主导作用。

3.5.2 语境影响下"自己"回指加工的粗略时间进程

在本研究中,三项行为学实验分别探测了语境影响下的"自己"回指在三个加工阶段的特征,通过这三项实验,可以观察语境影响下"自己"回指加工的粗略(三阶段)时间进程。三项行为学实验的结果显示:语境信息在"自己"回指的初期加工阶段便开始起作用,但是在此加工阶段,(语境)信息的整合并不充分/不平衡,表现出长距离回指加工的优势;在刺激 160 毫秒后,"自己"回指加工进入相对充分的语境信息整合阶段;在刺激后 370 毫秒后,"自己"回指加工进入多因素综合整合阶段,而(A 原则的)句法约束在此加工阶段起主导作用。根据三项行为学实验的结果,语境影响下"自己"回指加工的粗略时间进程可以总结为:(初期加工阶段)不完全(语境)信息整合阶段——(刺激 160 毫秒后)完全语境信息整合阶段——(刺激 370 毫秒后)句法约束主导的多因素综合整合阶段。

本行为学研究探测到的语境影响下"自己"回指加工的粗略时间进程与人类认知加工进程相符。人类认知加工进程分为早知觉加工阶段和后知觉加工阶段。刺激后 200 毫秒内为早知觉加工阶段,往往受刺激的物理属性(如强度、类型、频率等)的影响。行为学实验 1 探测到"自己"回指在初期加工阶段表现出长距离回指加工的优势。本研究结合凸显理论和先行提述者优势效应对这一现象进行了解释,进而推论,语境操纵下的"自己"回指在其初期加工阶段可能受刺激(先行词)的物理属性,如出现时间(表现为先行提述者优势效应)和句法位置(表现为句法位置凸显效应)的影响。刺激 200 毫秒之后为后知觉加工阶段,与深层次的认知-心理加工(如选择和记忆更新)相关,不再受刺激的物理属性的影响;行为学实验 2 探测到在长距离语境下和短距离语境下先行语对相应目标词都有启动效应,而长距离回指加工的优势消失,说明在刺激 160 毫秒后,语境影响下的"自己"回指加工进入相对充分的语境信息加工阶段,不再受刺激(先行词)的物理属性的影响;进而在行为学实验 3 中探测到了"自己"的局部约束倾向,说明在后知觉加工阶段后期(刺激 370 毫秒后),进入句法约束主导的多因素综合整合的阶段。

此外,通过本行为学研究观测到的语境影响下"自己"回指加工的时间进程使笔者联想到通过对无语境条件下"自己"回指加工的行为学研究观测到的时间加工进程。高立群等(2005)对无语境条件下的"自己"回指的初期加工阶段进行了(语义启动)行为学研究,实验中的唯一变量为先行词的句法位置。实验要求:被试阅读"先行词₁ + 动词₁ + 先行词₂ + 动词₂ + 自己"结构的歧义"自己"回指句,如"老师让学生要相信自己(英语对等句 The teacher asked the student to believe him/himself),启动词"自己"既可指称长距离先行语,也可指称短距离先行词;目标词或与长距离先行语语义相关,或与短距离先行语语义相关,或为中性词;目标词与启动词之间的刺激间隔时间为 0 毫秒;实验任务是词汇命名。结果显示,给与短距离先行词语义相关的词汇命名比给与长距离先行词语义相关的词汇命名反应时更短,表明在无语境条件下,"自己"回指倾向于首先受句法因素影响,表现出与 A 原则相符的局部约束倾向。高立群等(2005)进一步推论,长距离"自己"回指可能是由句法以外的(如语境或语义)因素决定的,这些因素可能在回指加工的后期才起作用。刘兆静(2009)采用了高立群等(2005)的实验设计和实验语料,但是在启动词和目标词之间设置了不同的刺激间隔时间,对无语境条件下的"自己"回指加工进行了进一步研究,实验任务为词汇选择。结果显示,当刺激间隔时间为 160 毫秒时,对长距离先行语语义相关目标词的反应时比对短距离先行语语义相关目标词的反应时更短,表明在这一加工阶段,"自己"倾向于受长距离约束。研究者认为,这一加工阶段的"自己"长距离约束倾向仍然是句法加工的结果,这是因为:首先,实验严格控制了语义和语境等信息,唯一变量是先行词的句法位置,排除了语义和语境信息的影响;其次,如果在此加工阶段,长距离先行词对相关目标词的启动是语义加工的结果,那么短距离先行词也应该启动相应的目标词,但是实验中并没有发现与短距离先行词语义相关的目标词的启动效应。当刺激间隔时间为 370 毫秒时,对中性目标词的反应时明显短于对长距离和短距离先行词语义相关目标词的反应时,而后两者之间无显著性区别,表明在这一阶段,长距离和短距离先行词都是通过(词汇)语义激活来启动相关目标词。研究者推论,在这一加工阶段,句法分析已结束,进入语义整合阶段。根据高立群等(2005)和刘兆静(2009)的行为学研究,无语境条件下"自己"回指加工的时间进程可以总结为:(初期加工阶段)A 原则约束下的句法整合阶段——(刺激 160 毫秒后)句法加工导致的长距离回指倾向阶段——(刺激 370 毫秒后)语义整合阶段。

以上根据高立群等(2005)和刘兆静(2009)的行为学研究总结的无语境条件下"自己"回指加工的时间进程似乎证实了高立群等(2005)关于语境或语义等因素在回指加工的后期才起作用的假设。然而,此无语境条件下"自己"回指加工的时间进程与本行为学研究观测到的语境影响下"自己"回指加工的时间进程并不相同。例如,本行为学研究表明,语境在"自己"回指加工的初期阶段就开始起作用,与高立群等(2005)关于语境或语义等因素在回指加工的后期才起作用的假设不符。根据刘兆静(2009)的研究,在刺激 370 毫秒后进入语义整合,句法整合已经完成,而根据本行为学研究,在此加工阶段上,"自己"回指加工进入多因素综合整合阶段,而(A 原则的)句法约束在此加工阶段起主导作用。笔者认为,两组实验探测到的"自己"回指加工进程的不同是实验变量的不同导致的。高立群等(2005)和刘兆静(2009)的行为学实验严格控制了语义和语境等因素,实验唯一变量是先行词的句法位置,而本研究的行为学实验唯一变量为语境因素,通过语境来操纵"自己"的指称。由此推论,在不同因素(变量)的影响下,"自己"回指加工的每一阶段都表现出不同的特征,因而有语境条件下和无语境条件下的"自己"回指加工有着不同的时间进程。

3.5.3 对相关理论问题的启示

3.5.3.1 "自己"回指的决定因素

关于什么因素决定"自己"回指这一问题,语言学界一直存在理论争论。早期主要形成了两种相对立的"自己"(长距离)回指的理论解释模式或理论派别,即句法决定论和非句法决定论(胡建华,1998;胡建华,潘海华,2002),其理论争论的焦点在于"自己"回指能否完全脱离句法因素,尤其是管辖约束理论(Norm Chomsky, 1981,1986)A 原则的限制。到目前为止,句法的以及非句法的理论假设还都不能对"自己"回指问题做出完整的解释。近来有学者提出,综合解释模式(包括句法、语义、语用、语篇等因素)才是解决"自己"回指问题的正确途径(如:Pollard & Xue, 1998, 2001 Hu & Pan, 2002; Koornneef, 2008)。关于什么因素决定"自己"回指这一问题,本行为学研究首先支持综合解释模式的理论假设。本行为学关于语境影响下"自己"回指加工的研究结果显示：语境因素在"自己"回指加工的初期便开始起作用（见行为学研究 1）；在刺激 160 毫秒后，语境影响下的"自己"回指加工进入语境信息充分整合阶段（见行为学研究 2）；在刺激 370 毫秒后，语境影响下的"自己"回指加工进入（A 原则）句法约束主导的多因素综合整合阶段（见行为学研究 3）。综上所述，本行为学研究表明，多种（至少包含语境和句法）因素参与"自己"回指加工，证实了综合解释模式的假设。此外，行为学实验 3 探测到的（A 原则）句法约束在语境影响下"自己"回指加工后期（刺激 370 毫秒后）的主导作用说明了句法因素在"自己"回指加工中起关键作用，在某些程度上支持句法决定论关于"自己"的指称绝对不会脱离 A 原则句法限制（Jan Koster & Eric J. Reuland，1991）的理论假设。

关于"自己"回指问题的综合解释模式也分为两种，即混合（mixed）模式和多因素决定论。混合模式将"自己"区分为两种：一种为局部反身代词"自己"，是句法回指语，受管约理论 A 原则的约束；另一种为长距离反身代词"自己"，是有语篇传递作用的回指语（logophor），受语篇-语用因素的制约（Huang & Liu，2001；Reuland，1993；Pollard & Sag，1992；Xue，Pollard & Sag，1994）。Hu & Pan（2002），Pollard & Xue（1998，2001）等学者也在"自己"回指的研究中综合考虑多种因素的作用，但是与混合模式不同，他们认为短距离和长距离"自己"回指都受同样因素（机制）的制约，只有一种反身代词"自己"在指称中受句法和语篇因素的双重约束，进行短距离回指和长距离回指。本行为学研究的结果表明：无论回指短距离先行词，还是回指长距离先行词，汉语反身代词"自己"均能在语境的操纵下与正确的先行词建立同指关系；并且在语境影响下"自己"回指加工的后期（刺激 370 毫秒后），（A 原则）句法约束起主导作用，违反 A 原则的长距离回指比符合 A 原则的短距离回指耗费更多的加工时间，用于句法复审或修复，证明短距离和长距离"自己"回指都受同样因素（机制）的制约；反身代词"自己"在指称中受句法和语篇因素的双重约束，支持多因素决定论的观点。

根据本行为学研究的结果，本书得出结论，多种因素参与"自己"回指的神经加工过程，（管约理论 A 原则）句法约束在此过程中起主导作用，即（语境影响下）"自己"回指的神经加工遵循"多因素参与，句法主导"的模式。

此外，本行为学研究探测到（语境影响下）"自己"回指加工具有"多因素参与，句法主导"的模式，表明尽管汉语反身代词"自己"能够违反管约理论 A 原则进行长距离回指，但是"自己"回指的神经加工与英语等西方语言的反身代词回指加工遵循相似的规则或模式。关于英语等西方语言反身代词回指加工的生理心理学研究证实,多种因素参与反身代词回指加工(Hammar et al,2011),而句法因素在此过程中起主要作用(Osterhout & Mobley,1995;Osterhout,Bersick & McLaughli,1997;Friederici,Steinhauer,Mecklinger & Meyer,1998)。例如,关于英语代词回指的功能核磁共振(fMRI)研究(Hammar et al.,2011)探测到了大脑后颞枕区(与句法检索相关)和左前脑区(与词汇语义检索相关)的激活,证明回指加工是句法和(词汇)语义机制综合作用的结果。而关于英语反身代词回指加工的 ERP 研究(Osterhout & Mobley,1995;Osterhout,Bersick & McLaughli,1997;Friederici,Steinhauer,Mecklinger & Meyer,1998)发现,反身代词和先行词之间某些语法范畴(如性和数)的失匹配会诱发 P600 效应,而非 N400 效应。研究者认为,P600 效应代表着句法复审过程,表明回指语主要通过句法加工机制与其先行语建立共指关系,而语义加工机制在此过程中仅起次要作用。Schmitt 等(2002)的 ERP 研究支持了这一观点,研究发现,非最简形式回指语(如名词短语)在性这一语法范畴失匹配的条件下诱发了 N400 和 P600,而最简形式回指语(如代词"he/she/it")在相同条件下仅诱发了 P600,证明 N400 成分在回指加工中仅与语义加工的难度相关。

3.5.3.2 "自己"回指的主语倾向性与阻隔效应

关于"自己"(长距离)回指问题,理论语言学家提出了很多种解释方案(详见本书第 2.1 小节"'自己'回指的理论研究"),目前还没有一种单一的理论模式能够完整地解释"自己"回指问题,其中一个难题就是解释反身代词"自己"在寻求先行语时表现出的主语倾向性和长距离回指中的阻隔效应这对矛盾现象。

"自己"回指的主语倾向性指"自己"倾向于选择某句法层面上的主语作先行语(Huang,1982;Mohanan,1982)的语言现象。例如,在英语句子"John$_j$ gave Mary$_m$ a picture of herself$_m$"中,反身代词"herself"指代直接宾语"Mary";而在汉语对等句"John$_j$ 给 Mary$_m$ 一张自己(ziji)$_j$ 的照片"中,反身代词"自己"倾向于指代主语"John"。徐烈睿(1992)认为,主语倾向性并不绝对,在汉语的"把"字句和"被"字句中,命题宾语通常成为"自己"的先行语。例如,在句子"他一直被我们当作自己的榜样"(He is always taken as the model of ourselves)中,反身代词"自己"指称命题宾语"我们"。

"自己"回指的阻隔效应指只有当介于"自己"和长距离先行语之间的(从句)主语与长距离先行语在人称特征上一致时,长距离回指才能发生;否则,如果介于两者之间的(从句)主语在人称特征上不一致,"自己"长距离回指便被阻断(Y. H. Huang, 1984；Tang, 1985, 1989)。例如,在汉语句子"我ᵢ 觉得你ⱼ 对自己ⱼ 没有信心"(I think you have no confidence in yourself/ * me)中,大主语"我"不能成为"自己"的先行语,因为"我"与局部主语"你"在人称上不一致。一个相反的例子是,在汉语句子"张三知道李四对自己没信心"(Zhangsan knows that Lisi has no confidence in him/himself)中,大主语"张三"可以成为"自己"的先行语,因为"张三"与小主语"李四"在人称上一致(潘海华,2001)。除了以上的例子,也有研究发现,介入"自己"和长距离先行语之间的、具有不同人称特征的次统治名词短语(Huang & Tang, 1991)以及直接宾语和间接格(Xue, Pollard & Sag, 1994)也可导致阻隔效应。潘海华(1997, 2001)提出,阻隔效应具有非对称性,即第一/第二人称主语可以阻断第三人称主语对"自己"的长距离约束,但是第三人称主语未必能阻断第一/第二人称主语。他进一步限定了阻隔效应发生的情况,认为只有当长距离先行语和"自己"之间插入的主语是第一/第二人称代词时,才会阻断长距离回指,而且这些插入的代词不仅仅是作为主语,它们在执行其他的语法功能时,也会产生阻隔效应。

　　值得注意的是,无论是主语倾向性还是阻隔效应,大都发生在无语境的小句中。本书结合语境影响下"自己"回指加工行为学研究的结果对这两个现象进行初步讨论。本行为学实验 1 在长距离语境条件下发现了 L 目标词的启动效应,而在短距离语境条件下却没有发现相应目标词(S 目标词)的启动效应,表明虽然语境信息在"自己"回指的初期加工阶段就起作用,但是在此加工阶段,语境信息的加工仍然不充分/不平衡,表现出长距离回指加工的优势。这一长距离"自己"回指加工的优势,与"自己"回指的主语倾向性现象相符。本书结合心理学的凸显理论和先行提述者优势理论解释了这一现象。从人类认知加工进程来看,刺激后 200 毫秒以内为早知觉加工阶段,受刺激的物理属性(如强度、类型、频率等)的影响；刺激后 200 毫秒至数秒为后知觉加工阶段,不再受刺激的物理属性的影响,而与深层次的认知心理加工(如选择和记忆更新)相关。由此行为学研究 1 做出了推论:"自己"回指加工的初期阶段可能受刺激的物理属性,如出现时间(表现为先行提述者优势效应)和句法位置(表现为句法位置凸显效应)的影响,表现出长距离回指加工的优势；而"自己"回指加工的后期应该进入深层次认知加工,如语义、语境和句法整合,而不再受刺激的物理属性影响。本行为学实验 2 在长距离和短距离语境下都发现了相应目标词的启动效应,长距离回指加工的优势消失,表明在此加工阶段(刺激 160 毫秒后),语境信息的整合更加深入和充分,验证了行为学研究 1 的推论。根据本行为学研究的结果,本书得出结论:在语境影响下"自己"回指加工的初期,发现了与"自己"回指的主语倾向性相符的长距离回指加工优势;在刺激160毫秒后的加工阶段,长距离回指加工优势消失,即此阶段的回指加工不再受主语倾向性的影响。主语倾向性在"自己"回指加工中的影响以及影响的消退可能与人类认知加工进程的特点相关。

本行为学研究的实验语料中(语境句和"名词短语$_1$＋动词$_1$＋名词短语$_2$＋动词$_2$＋自己"结构的"自己"回指句),长距离先行词和短距离先行词都是第三人称,人称一致,因此无法验证长距离回指中的阻隔效应。这是下一步应该通过生理心理学实验研究的问题。

3.5.3.3　句子的平行加工模型和序列加工模型

本行为学研究的结果对于解决句子的序列加工模型和平行加工模型的理论争论也有一定启示作用。平行加工模型理论认为各种信息一旦被获取就立即作用于句子加工(Marwlen-Wilson,1975),而序列加工模型理论认为在句法结构的构建结束之后其他信息才被用来对句法分析作出评价(Frazier & Rayner,1982)。本行为学研究的结果表明语境因素早在"自己"回指加工的初期阶段就开始起作用(见行为学研究1),而直到"自己"回指加工的中/后期阶段句法整合过程才能结束(见行为学研究3),支持了平行加工模型的理论假设,而与序列加工模型的假设不符。Van Berkum等(2007)对谓语动词含有隐含意义的回指句加工的ERP研究的结果也支持了平行加工模型的理论假设。其研究发现:当回指语出现的位置与动词隐含意义所指示的位置不相符时(如例句"Linda apologized to David because he according to the witnesses was not the one to blame"),回指语(如例句中的代词"he")会诱发P600效应;而当回指语出现的位置与动词隐含意义所指示的位置相符时(如例句"David apologized to Linda because he according to the witnesses was the one to blame"),则不诱发P600效应。这样的结果说明,动词的隐含意义在读者读到动词时便即时影响回指加工。

3.5.4　行为学研究的局限和下一步的研究

(行为学)语义启动范式通过(词汇判断)反应时数据来观察读者在句子加工过程中大脑所建立的连接,以此来推测在句子加工的某特定阶段大脑正在处理的结构或单位,从而获知大脑正在进行哪一(语言)层面的加工(Nicol & Pickering,1993)。这一范式尤其适合用来探测句子加工某一阶段的结果。本书的行为学研究通过语义启动范式有效地探测了语境影响下的"自己"回指加工不同阶段的特征,其研究结果对一些语言学理论争论或问题有所启示。但是,行为学研究也有其局限性。

首先,行为学方法仅能通过反应时和正确率这样的单维数据间接地反映语言加工某阶段的结果,无法获取直接的大脑活动数据。其次,通过行为学研究,所能探测的语言加工阶段是有限的,不能探测即时、连续的神经加工过程。此外,行为学实验只能设置与所考察的问题相关的外显任务,通过被试有意识地完成任务来获取信息。

ERP(事件相关脑电位)方法能够即时、直接、连贯地记录大脑皮层活动,而且不依赖于外部实验任务,能够探测某神经过程的自动加工。由于其高(以毫秒计)时间敏感度,ERP 方法尤其适合用来探测高速而连续的语言加工过程。因此,在本书的下一章(第 5 章),将采用 ERP 方法来探测语境影响下"自己"回指加工的特征和精确时间进程,以及语境通过什么神经机制影响自己回指加工。在 ERP 研究中,将设定与所研究的问题不相关的内隐实验任务,来探测语境影响下"自己"回指的自动加工。

3.6　本章小结

本章陈述了关于语境影响下"自己"回指加工的三项行为学研究。行为学实验 1 的任务是回答"语境是否在自己回指加工的初期阶段就起作用"这一问题,因此行为学实验 1 用语义启动范式探测了语境影响下"自己"回指加工初期阶段的特征。在回答了这一问题后,行为学实验 2 和行为学实验 3 分别用语义启动范式探测了语境影响下"自己"回指加工在启动词呈现 160 毫秒后和呈现 370 毫秒后加工阶段的特征。

行为学实验 1 证明,语境信息在"自己"回指的初期加工阶段便开始起作用,但是在初期认知加工阶段,语境信息的加工仍然不充分/不平衡,表现出长距离回指(加工)的优势。行为学实验 2 表明,在刺激 160 毫秒后的加工阶段,语境影响下的"自己"回指加工进入充分语境信息整合阶段。行为学实验 3 表明,在刺激 370 毫秒后的加工阶段,语境影响下的"自己"回指加工进入多因素(至少包含语境因素和句法因素)综合整合的阶段,而(管辖约束理论 A 原则的)句法约束在这一阶段起主导作用。

根据三项行为学实验的结果,语境影响下"自己"回指加工的粗略时间进程可以总结为:(初期加工阶段)不完全(语境)信息整合阶段——(刺激 160 毫秒后)完全语境信息整合阶段——(刺激 370 毫秒后)句法约束主导的多因素综合整合的阶段。这样的时间加工进程符合人类认知加工进程(分为早知觉加工阶段和后知觉加工阶段)的阶段特征。此外,通过本行为学研究观测到的语境影响下"自己"回指加工的时间进程和通过无语境条件下"自己"回指加工的行为学研究(高立群等,2005;刘兆静,2009)观测到的时间加工进程并不相同。由此推论,在不同因素(变量)的影响下,"自己"回指加工的每一阶段都表现出不同的特征,因而有语境条件下和无语境条件下的"自己"回指加工有着不同的时间进程。

本行为学研究的结果对解决一些理论问题或理论争论也有一定启示作用,如关于"自己"回指决定因素的理论争论以及关于句子加工的序列模型和平行模型的理论争论。

本研究通过语义启动行为学实验有效地探测了语境影响下"自己"回指加工不同阶段的特征,但是行为学方法仍有其局限性。例如:行为学数据仅能间接反映神经活动的结果;通过行为学研究所能探测的加工阶段是有限的,不能探测连续的神经加工过程;行为学实验只能设置与所考察的问题相关的外显任务,被试的意识就参与到神经加工过程之中。ERP 方法具有(以毫秒计的)高时间敏感度,能够即时、直接、连贯地记录大脑皮层活动,而且不依赖外部实验任务,能够探测某神经过程的自动加工。因此,本书的下一章(第 4 章)将采用 ERP 方法来探测语境影响下"自己"回指加工的特征和精确时间进程以及语境通过什么神经机制影响自己回指加工,并在 ERP 实验中设定与研究问题不相关的内隐实验任务,来探测语境影响下"自己"回指的自动加工。

第4章
ERP 研究

本书第 4 章报告语境影响下"自己"回指加工的 ERP 研究，该 ERP 研究先作为独立的研究陈述其研究背景、研究方法和结果，并进行讨论；第 5 章将在整体研究的背景下对行为学和 ERP 研究的结果进行综合讨论。

4.1 研究背景

本书第 3 章的行为学研究通过语义启动范式探测了语境影响下"自己"回指加工在三个不同阶段的特征，根据行为学研究的结果总结出语境影响下"自己"回指加工的粗略（三个阶段）时间进程：（初期加工阶段）不完全（语境）信息整合阶段——（刺激 160 毫秒后）完全语境信息整合的阶段——（刺激 370 毫秒后）句法约束主导的多因素综合整合阶段。但是行为学方法具有间接、非连续、依赖外显任务等局限性。ERP（事件相关脑电位）方法具有（以毫秒计的）高时间敏感度，能够即时、直接、连贯地记录大脑皮层活动，而且不依赖外显实验任务，能够探测自动的神经加工过程。因此，本章将采用 ERP 方法来探测语境影响下"自己"回指加工的特征和精确的时间进程以及语境通过什么神经机制影响自己回指加工。本 ERP 实验设置了与研究问题不相关的内隐实验任务，来探测语境影响下"自己"回指的自动加工。

关于英语等西方语言反身代词回指加工的生理心理学研究证实，多种因素参与反身代词回指加工（Hammar et al，2011），而句法因素在此过程中起主要作用（Osterhout & Mobley，1995；Osterhout, Bersick & McLaughli，1997；Friederici, Steinhauer, Mecklinger & Meyer，1998）。例如，关于英语代词回指的功能核磁共振（fMRI）研究（Hammar et al.，2011）探测到了大脑后颞枕区

（与句法检索相关）和左前脑区（与词汇语义检索相关）的激活，证明回指加工是句法和（词汇）语义机制综合作用的结果。而关于英语反身代词回指加工的ERP 研究（Osterhout & Mobley，1995；Osterhout，Bersick & McLaughli，1997；Friederici，Steinhauer，Mecklinger & Meyer，1998）发现，反身代词和先行词之间某些语法范畴（如性和数）的失匹配会诱发 P600 效应（句法加工的ERP 指标），而非 N400 效应（语义加工的 ERP 指标），研究者认为，P600 效应代表着句法复审过程，表明回指语主要通过句法加工机制与其先行语建立共指关系，而语义加工机制在此过程中仅起次要作用。Schmitt 等（2002）的 ERP研究支持了这一观点，他们的研究发现，非最简形式回指语（如名词短语）在性这一语法范畴失匹配的条件下诱发了 N400 和 P600，而最简形式回指语（如代词"he/she/it"）在相同条件下仅诱发了 P600，证明 N400 成分在回指加工中仅与语义加工难度相关。

尽管关于"自己"回指决定因素的理论争论由来已久（见第 2 章），关于"自己"回指神经加工的生理心理学研究却非常少。高立群等（2005）和刘兆静（2009）对无语境条件下的"自己"回指加工进行了（语义启动）行为学研究，实验唯一变量为先行词的句法位置，结果表明，当启动词"自己"与目标词之间的刺激间隔时间为 0 毫秒时，给与短距离先行词语义相关的词汇命名比给与长距离先行词语义相关的词汇命名反应时更短，表明"自己"回指在其加工的早期阶段，在句法层面上，具有局部约束倾向。Li & Zhou（2010）对无语境条件下的"自己"回指加工进行了 ERP 研究，实验的唯一变量为动词语义，结果表明，相对于短距离回指情况，"自己"在长距离回指情况下诱发了更大的 P300 和P600 波幅，说明尽管"自己"能够违反 A 原则回指局部句法域外的长距离先行词，但是长距离回指会耗费更多的（脑）加工资源。以上关于"自己"的生理心理学研究的结果显示，在无语境条件下，"自己"倾向于受局部约束（高立群等，2005；刘兆静，2009），而违反 A 原则的长距离"自己"回指会耗费更多的大脑加工资源（Li & Zhou，2010）。但是，到目前为止，语境因素如何影响"自己"回指的神经加工过程尚不明确。

本 ERP 研究将记录和分析在不同语境条件下（长距离语境、短距离语境、无语境条件下的歧义回指）加工"自己"回指的脑电数据，来探究语境影响下"自己"回指加工的特征和精确的时间进程以及语境通过什么神经机制影响"自己"回指加工。实验要求被试阅读由语境句和"自己"回指句构成的实验语句，并完成相关内隐任务。根据英语等西方语言反身代词回指加工的生理心理学研究和无语境条件下"自己"回指加工的生理心理学研究的结果，本 ERP

研究假设：如果语境通过句法加工机制影响"自己"回指加工，即句法机制在语境操纵下的"自己"回指加工中起主要作用，那么应该探测到 P600 效应，违反 A 原则句法约束的长距离回指应该比短距离回指诱发更大的 P600 波幅；如果语境通过句法加工机制影响"自己"回指加工，那么应该探测到 N400 效应；如果其他机制参与语境影响下的"自己"回指加工，也应该表现为其他 ERP 成分根据实验条件的不同有所变化。

4.2　研究方法

4.2.1　被试

共 23 名被试参加了本 ERP 实验，均为在校（北京农业大学）大学生。其中 3 名被试的 ERP 数据由于伪迹过多而从统计分析中被剔除。其余的 20 名（10 男，10 女）被试，年龄为 21 到 35 岁，平均年龄为 25.35 岁。被试均为汉语母语者，对 ERP 实验的目的完全不知情，也未参与实验前的语料判断任务。他们都是右利手，裸眼视力或矫正视力正常，无神经系统疾病或损伤，近期亦未服用过任何药物。被试实验前签署了实验知情书，实验后获得适当报酬。

4.2.2　实验刺激和任务

首先收集了 120 个"名词短语$_1$ + 动词$_1$ + 名词短语$_2$ + 动词$_2$ + 自己"结构的"自己"回指句（名词短语为人的称谓，如"老师""医生""晓丽"），邀请了 50 位不参加 ERP 实验的被试来判断"自己"在句中的指称（回指长距离先行词——名词短语$_1$；回指短距离先行词——名词短语$_2$；或回指二者/歧义回指）。有 42 个句子中的"自己"被（92% 以上的被试）判断为既可以回指长距离先行词也可以回指短距离先行词（回指歧义），它们被选取出来成为本 ERP 实验中的歧义"自己"回指句。在每个歧义"自己"回指句前分别设置长距离和短距离语境句，这样就得到了 84 条由语境句和"自己"回指句构成的实验刺激句（42 条长距离回指句型和 42 条短距离回指句型），42 个无语境的歧义"自己"回指句被作为实验控制刺激。语境句均为简短易懂的句子，长度在长距离和短距离刺激类型之间交叉平衡。请 20 位不参加 ERP 实验的被试来判断"自己"在实验刺激句中的所指，均能正确轻松地做出判断。（刺激类型和实验材料举例见表 4.1）

表 4.1　ERP 实验刺激类型和实验材料举例

刺激类型	例　句					
长距离语境	记者在采访中不尊重老师， Jizhe zai caifangzhong bu zunzhong laoshi, Reporter in interview not respect teacher, The reporter didn't respect the teacher in the interview,	老师 laoshi teacher the teacher	告诉 gaosu told told	记者 jizhe reporter the reporter	要 yao to to	尊重 zunzhong respect respect	自己。 ziji. him. him.
段距离语境	老师发现记者很不自重， Laoshi faxian jizhe henbu zizhong, Teacher find reporter not self-respect, The teacher found the reporter wasn't self-respect,	老师 laoshi teacher the teacher	告诉 gaosu told told	记者 jizhe reporter the reporter	要 yao to to	尊重 zunzhong respect respect	自己。 ziji. himself. himself.
无语境歧义		老师 laoshi teacher the teacher	告诉 gaosu told told	记者 jizhe reporter the reporter	要 yao to to	尊重 zunzhong respect respect	自己。 ziji. him/ himself him/ himself

　　除了实验刺激语句，实验还填充了 84 条填充语句，每条语句由一个语境句和一个包含"自己"的简单句组成，如例句"记者没有采访老师，他自己(ziji)现在很后悔"。填充句长度与实验刺激句类似；与实验刺激句中"自己"的位置总是出现在句尾不同，填充句中"自己"一词的位置并不固定，以此来避免被试在阅读实验语句时形成阅读策略。

　　在每个实验刺激句或填充语句后，有一个词汇判断任务，要求被试判断目标词是否在实验刺激句中出现过。肯定和否定的答案在三种实验刺激类型（长距离回指、短距离回指、无语境歧义回指）之间交叉平衡，同时也在每种刺激类型内交叉平衡。实验前让被试阅读并充分理解实验指导语，要求被试默读并理解每组实验语句，以最快的速度完成判断任务，并作出按键反应。句子

（句法）被证明能够在无意识的情况下自动加工（Pulvermuller & Shtyrov，2006），在本实验中设计内隐（与实验考察对象无关）任务，目的是探测语境影响下"自己"回指的自动加工。

4.2.3　实验过程

整个 ERP 实验在电磁屏蔽隔声室里进行。被试坐在一张舒适的椅子上，实验刺激材料用电脑屏幕随机视觉呈现给被试，视距约 1.2 米，视角约为 5.05°×6.06°，字体为 60 号黑色 SIMSUN 体，屏幕背景为浅灰色。实验要求被试水平注视屏幕中央，默读句子，实验过程中避免与实验任务无关的身体动作。首先呈现的是注视点，呈现时间 500 毫秒，预示着一组实验刺激的开始；然后呈现每组刺激的语境句，呈现时间 3 500 毫秒，后跟 500 毫秒的空屏，无语境的歧义回指句没有这一环节；之后逐词呈现"自己"回指句，每个词呈现 500 毫秒，后跟 500 毫秒的空屏（这样的词语出现速率使汉语母语者感到舒适、自然）（Ye & Zhou，2008；Jiang & Zhou，2009）；最后呈现目标词。被试的任务是判断目标词是否在前面的实验刺激句中出现过，并迅速做出按键反应（左右手按键在被试间交叉平衡）。每组刺激之间时间间隔 2 000 毫秒。整个实验分为四个模块，正式实验前有练习模块。

4.2.4　脑电记录与数据处理

被试佩戴 64 导联 Ag/AgCl 电极帽，采用 Neuroscan Nuamps 2 放大器记录脑电，电极排列采用 10/20 国际电极系统。参考电极置于鼻尖，在数据离线处理中转换为双侧乳突参考，同时记录水平和垂直眼电。滤波为 0.05—100 赫兹带通滤波，采样率 500 赫兹，头皮电阻小于 5 000 欧姆。

采用 Neuroscan4.3 软件对采集的脑电数据进行离线处理。根据 Semitsch 等（1986）提出的方法去除眼电对脑电数据的影响，分析时程为刺激前基线 200 毫秒至刺激后 1 500 毫秒，超过 ±100 微幅的波幅被作为伪迹剔除。对三种刺激类型的数据分别叠加平均，长距离回指情况（刺激类型 1）有 41 组刺激，短距离回指情况（刺激类型 2）有 41 组刺激，歧义回指情况（刺激类型 3）有 40 组刺激。最后，对 3 组刺激的总平均波形进行 30 赫兹（24dB/octave）无相移低通数字滤波。

4.2.5　统计分析

观察 ERP 总平均波形图（见图 4.1），一个分布在颞枕区、波峰出现在刺激后 170 毫秒左右的负波清晰可见，这个负波被识别为 N170 成分。N170 成分被证明在语言加工中与"阅读专家化"相关（Bentin，Allison，Puce，Perez & McCarthy，1996），因此在本研究中对此成分进行了分析。根据 ERP 总平均波形图，对刺激后 120 至 200 毫秒之间的峰值和潜伏期进行了测量。根据以往研究的经验（Bentin et al.，1996），选取后颞枕区的一系列电极点（包括 P7/P8，PO7/PO8，P5/P6，PO5/PO6，P3/P4，PO3/PO4，P1/P2，CB1/CB2，O1/O2）进行回指类型（长距离/短距离/歧义）×半球（左/右）×电极的三因素重复测量方差分析（ANOVA）。

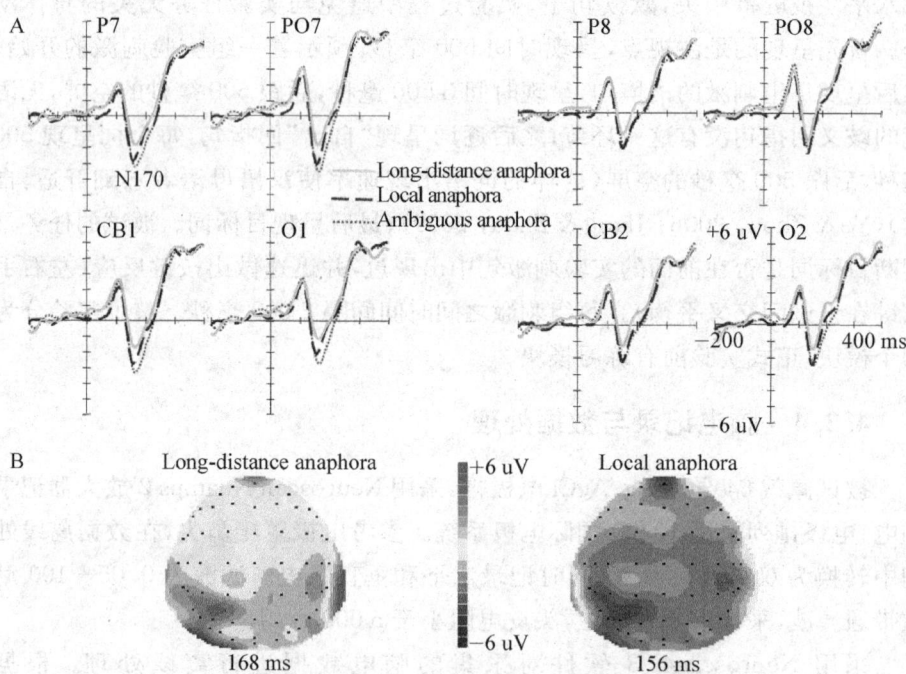

图 4.1　N170 ERP 总平均波形图与脑地形图

　　（A）8 个颞枕区电极上由长距离语境条件、短距离语境条件和无语境条件下的歧义"自己"诱发的 ERPs。（B）N170 波峰的 2D 脑地形图。

　　此外，观察 ERP 总平均波形图（见图 4.2），在前脑区，刺激后 300—500 毫秒之间，有一个正波清晰可辨；同样在前脑区，刺激后 650—950 毫秒之间，有一个正性漂移。它们分别被识别为 P300 和 P600 成分。对刺激后 300—500 毫秒（P300 成分）和 650—950 毫秒（P600 成分）之间的数据每 100 毫秒进行平均波幅测量和统计，根据统计结果，选取 300—400 毫秒和 750—850 毫秒两个时间窗的数据呈现结果。从前（F7/F8，F5/F6，F3/F4，F1/F2）、中（C3/C4，

FC1/FC2，C1/C2，CP1/CP2)、后(CB1/CB2，P3/P4，PO3/PO4，O1/O2)三个脑区分别选取电极点,对两个时间窗的平均波幅分别进行回指类型(长距离/短距离/歧义)×半球(左/右)×脑区(前/中/后)×电极的四因素重复测量方差分析(ANOVA)。

另外,也对三种刺激类型(长距离/短距离/歧义)的正确率(行为学)数据进行单因素方差分析。

统计结果都用 Greenhouse-Geiss 法校正。

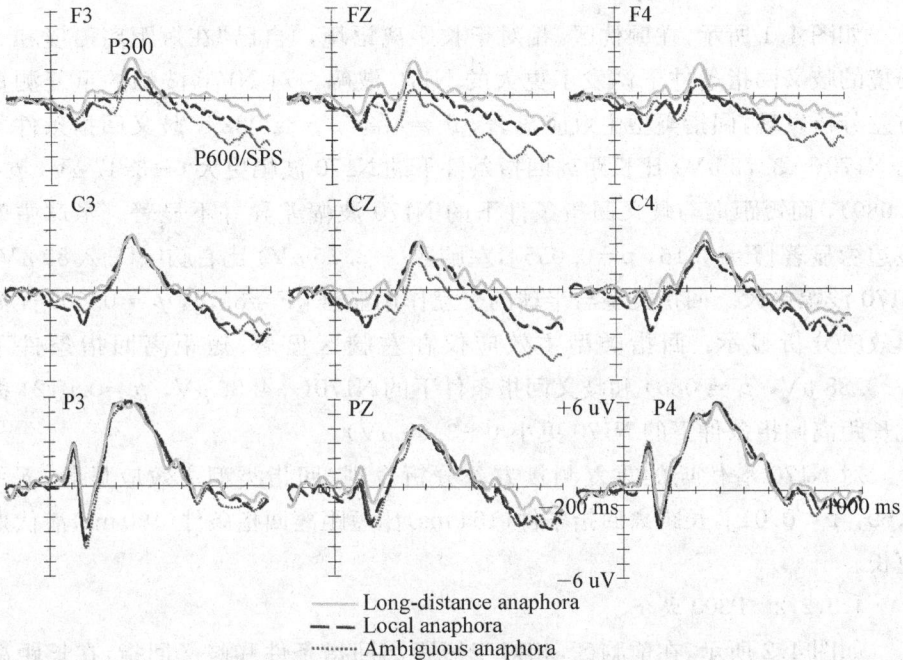

图 4.2　P300 和 P600 ERP 总平均波形图

前、中、后三个脑区的 9 个电极上由长距离语境条件、短距离语境条件和无语境条件下的歧义"自己"诱发的 ERPs。

4.3　结　　果

4.3.1　行为学结果

本 ERP 实验的任务是判断目标词是否在回指句中出现过。在长距离回指、短距离回指和歧义回指条件下的正确率分别为 95%、93% 和 99%。单因素方差分析的结果显示,歧义回指条件下的正确率显著高于长距离和短距离回指条件下的正确率($p < 0.001$)。由于本 ERP 实验的任务是与所考察的"自己"回指句的加工不相关的内隐任务,因此行为学(正确率)数据仅用来参考被试是否认真、有效地参与了实验,而不做具体分析。

4.3.2 ERP 结果

4.3.2.1 N170 成分

如图 4.1 所示,在颞枕区,相对于长距离语境,"自己"在短距离语境和无语境的歧义回指条件下诱发了更大的 N170 波幅。对 N170 波幅的重复测量方差分析发现,回指类型主效应显著 [$F = 4.34$, $p = .022$],歧义回指条件下的 N170($-3.73\ \mu V$)比长距离回指条件下的 N170 波幅更大($-3.47\ \mu V$, $p = 0.089$),而短距离与歧义回指条件下的 N170 波幅差异并不显著。半球主效应边缘显著 [$F = 4.16$, $p = 0.055$],左脑区($-3.75\ \mu V$)比右脑区($-2.89\ \mu V$)N170 波幅更大。回指类型与半球的交互作用显著 [$F = 8.74$, $p = 0.001$],简单效应分析显示:回指类型主效应仅在左脑区显著,短距离回指条件下($-3.88\ \mu V$, $p = .080$)和歧义回指条件下的 N170($-4.36\ \mu V$, $p = 0.012$)都比长距离回指条件下的 N170 更小($-3.00\ \mu V$)。

对 N170 潜伏期的重复测量方差分析发现,回指类型主效应显著 [$F = 5.69$, $p < 0.01$],长距离回指条件(164 ms)比短距离回指条件(160 ms)潜伏期更长。

4.3.2.2 P300 成分

如图 4.2 所示,在前脑区,相对于短距离回指条件和歧义回指,在长距离回指条件下"自己"诱发了更大的 P300 波幅。然而对 P300 平均波幅的重复测量方差分析却没有发现回指类型主效应($p > 0.05$)。半球主效应显著 [$F = 3.72$, $p < 0.05$],左半球 P300 波幅(3.12 μV)大于右半球(2.64 μV)。脑区主效应显著 [$F = 38.08$, $p < 0.001$],后脑区 P300 波幅(4.83 μV)最大,其次是中脑区(2.65 μV),前脑区 P300 最小(1.17 μV)。

4.3.2.3 P600 成分

图 4.2 还显示,在前脑区,相对于短距离和歧义回指,在长距离回指条件下"自己"诱发了更大的 P600 波幅。对平均波幅的重复测量方差分析发现,回指类型主效应显著 [$F = 3.74$, $p = 0.040$],长距离回指条件下的 P600($-0.40\ \mu V$)比歧义条件下的 P600($-2.05\ \mu V$)波幅更大,$p < 0.05$;短距离($-1.30\ \mu V$)

和歧义条件下的 P600 无显著区别（$p > 0.10$）。脑区主效应显著 [$F = 22.94$，$p = 0.000$]，后脑区 P600 波幅（$-0.41\,\mu V$）最大，其次是前脑区（$-1.26\,\mu V$），中脑区 P600 最小（$-2.08\,\mu V$）。回指类型与脑区的交互作用显著 [$F = 2.57$，$p < 0.05$]，简单效应分析显示：回指类型主效应仅在前脑区显著，长距离回指条件下的 P600（$-0.8\,\mu V$）比短距离（$-1.8\,\mu V$，$p < 0.05$）和歧义回指条件下的 P600（$-2.54\,\mu V$，$p < 0.05$）都更大。

4.4　讨　论

本 ERP 研究通过记录和分析被试在不同语境下（长距离语境、短距离语境、无语境条件下的歧义回指）加工"自己"回指的 ERP 数据来探究语境影响下"自己"回指加工的特征和精确的时间进程以及语境通过什么神经机制影响"自己"回指加工。结果显示：相比短距离语境和歧义回指条件，长距离语境下"自己"诱发了更小的 N170 波幅和更大的 P300、P600 波幅，而短距离与歧义回指条件没有显著区别。

4.4.1　N170 效应

N170 是一个波峰出现在刺激后 160 到 180 毫秒左右的颞枕区负波，被认为是知觉专家化机制的指标（Bentin, Allison, Puce, Perez & McCarthy, 1996；Tanaka & Curran, 2001）；专家化（熟悉）的事物往往比非专家化（不熟悉）的事物诱发更大的 N170 波幅。N170 效应原本被发现与面孔加工相关，面孔图片比非面孔图片会诱发更大的 N170 波幅，研究者认为，N170 效应标志着视觉面孔信息加工，而面孔信息加工会引发促进面孔区分和辨认的感知觉加工过程（Bentin et al., 1996）。Tanaka & Curran（2001）在关于物体的专家化识别的 ERP 研究中发现：某领域的专家（如动物学专家）在识别本领域（如动物）的物体时比识别其他领域的物体诱发更大的 N170；这一效应与面孔识别中的 N170 效应相仿（Bentin et al., 1996），说明在视觉神经加工的早期，熟悉的类别和不熟悉的类别就已经被区分，而 N170 效应是感知觉学习的直接结果；由此推论，与早期物体感知觉相关的神经活动的模式，会随着对真实世界的经验和学习而变化（Tanaka & Curran, 2001）。

在一些关于语言（阅读）加工的研究中也探测到了（左脑区分布的）N170 效应。比如，在 ERP 研究中发现：在左脑区，符合正字法的字词比不符合正字法的字词诱发了更大的 N170 波幅（Bentin，Mouchetant-ROstaing，Giard，Eehallier & Pernier，1999）；字比非字或符号诱发了更大的 N170 波幅（Maurer，Brem，Bucher &Brandeis，2005）；重复出现的高频词比低频词诱发了更大的 N170 波幅（Simon，Petit，Bemard & Rebai，2007）。研究者认为，这些与词语加工相关的 N170 效应说明字词的早期习得、其专家化（高熟悉度）、其高出现频率都促进了字词的整体加工（Simon，Petit，Bemard & Rebai，2007）。而且，与语言（阅读）加工相关的（左脑区分布）N170 效应被称作"阅读专家化"效应，研究者将其解释为为了专家化阅读而引起的知觉系统的进步性重构（McCandliss，Cohen & Dehaene，2003）。在本 ERP 研究中，相比长距离语境条件，短距离语境条件下"自己"诱发了更大的 N170 波幅，说明对于汉语母语者来说，局部（短距离）"自己"回指相比长距离回指是一种专家化的（熟悉的）语言现象，从而推论，局部"自己"回指的心理表征是汉语母语者为了专家化阅读而在大脑中发展的关于"自己"回指的专家化心理表征。而短距离语境和歧义回指条件下"自己"诱发的 N170 波幅差异并不显著，说明在无语境条件下，"自己"回指倾向于被自动加工为专家化的短距离回指，这与 A 原则相符。

　　此外，基于与字词加工相关的 N170 效应反映了字词的整体加工（Simon，Petit，Bemard & Rebai，2007）这一结论，本研究推测，研究中与回指加工相关的 N170 效应可能反映了回指结构的整体加工，而专家化的局部回指结构相对于长距离回指结构在回指加工中应该是被优先处理的结构。Dillon *et al.*（2010）的研究证明在回指加工中有一个结构性探索的过程，支持了本研究的推测。Dillon *et al.*（2010）用 SAT（Speed-Accuracy Tradeoff paradigm，高速-高精度折中范式）实验研究了先行语与回指语连接的时间进程，结果发现，在确认所指实体的过程中短距离先行语比长距离先行语更早被探测到，而长距离先行语显示出独立于回指连接的趋势。这样的结果表明：在回指加工中有一个结构性探索的过程；在与语言相关的记忆搜索中某些句法结构是优先被搜索的，比如，短距离回指结构比长距离回指结构优先被搜索。

　　此外，本 ERP 研究探测到的 N170 效应支持了 Li & Zhou（2010）的观点，即"自己"回指加工中反应大脑资源消耗的所谓"距离效应"（回指语和先行语距离越近，回指连接建立越快）绝不仅仅与回指语和先行语之间的距离相关，而是与回指句的句法结构或管约理论 A 原则相关。首先，本 ERP 研究中的 N170 效应的模式与回指加工中的距离效应的模式不符。根据距离效应的模式，语境影响下的长距离"自己"回指应该比短距离回指诱发更大的 ERP 波幅，但是本研究探测到的 N170，却是短距离回指条件比长距离回指条件诱发更大的波幅,与"距离效应"的模式相反。而且,本 ERP 研究中的 N170 效应可能反映了回指结构的整体加工,专家化的局部回指结构相对于长距离回指结构在回指加工中应该是优先被处理的结构。这与 Li & Zhou(2010)关于"自己"回指加工中的距离效应与回指句的句法结构或管约理论 A 原则相关的观点相符。

4.4.2　P300 效应

P300 是一个波峰出现在刺激后 300 毫秒左右的正波,其波幅随着刺激的凸显度而变化,被认为是反映了后期的信息评估(Polich,2007)。P300 成分包含两个子成分,P3a 和 P3b。P3a 与工作记忆中表征变化引起的前脑区的早期注意加工相关,其波幅随着刺激的凸显度而变化;之后这一注意-驱动的前脑区刺激信号(P3a)被传输到大脑的颞枕区(P3b),与注意和后续的记忆加工相关(Comerchero & Polich,1998,1999;Polish,2007)。尽管 P3b 是被广泛研究的一个 ERP 成分,但是关于它标志着怎样的认知过程,还没有统一的答案。目前关于 P3b 的功能,有两种相对立的解释。一种是语境-更新假说,认为 P3b 反映了由稀少的刺激引起的记忆更新过程,P3b 是当新的或超出预期的信息被整合进读者/听者的语境模型时进行的工作记忆(轨迹)更新的指标。相反的,语境-闭合/终止假说认为 P3b 是由超出预期的刺激诱发的,由此推论 P3b 反映了当读者/听者遇到一个预期的刺激时,上一个感知觉阶段或内部模型的终止。

尽管关于 P300 所代表的潜在神经过程仍然存在争议,但是研究者们一致认为注意资源的调配是 P300 效应的核心(Polich,2007),P300 波幅的大小与分配的注意资源的多少成正比(Strayer & Kramer,1990)。在关于回指的 ERP 研究中也发现过 P300 效应。例如,Heine 等(2006)在一项关于先行词词频对回指的影响的 ERP 研究中,让被试阅读句对,句对的第一个句子包含一个高频、低频或中频的名词(先行词),第二个句子包含一个代词回指第一个句子中的先行词。实验发现:先行词的加工诱发了 N400 效应,低频先行词诱发了最大的 N400,高频先行词诱发的 N400 最小,说明高频先行词比低频先行词更易于被整合进语境模型;回指语的加工诱发了 P300 效应,相对于回指低频先行词的回指语,回指高频先行词的回指语诱发了更大的 P300 波幅,研究者认为研究中的 P300 与注意资源的调配相关,特异性的语言实体(回指低频先行词的回指语)资源凸显度更高,分配到更多的注意加工资源。Li & Zhou(2010)在无语境条件下(动词语义为唯一变量)"自己"回指加工的 ERP 研究中发现:相对于短距离回指情况,"自己"在长距离回指情况下诱发了更大的

P300 波幅；这个 P300 效应被认为反映了对于基于 A 原则建立的（短距离回指）心理表征和基于动词建立的（长距离回指）心理表征的不符的探测。从这个角度来看，本研究中的 P300 效应可能与注意资源的调配相关。相比短距离回指条件，"自己"在长距离回指条件下诱发了更大的 P300 波幅，说明特异性的（非专家化的长距离回指）回指现象调配了更多的注意资源，而这一 P300 效应可能反映了对于基于 A 原则所建立的专家化（局部）回指心理表征和根据长距离语境所建立的心理表征之间的不符的探测。

有趣的是，本研究中长距离回指和歧义回指条件下的 P300 波幅之间的差异在统计中并不显著，这与 N170 和 P600 平均波幅统计中的显著结果相反。这可能与语境信息的加工相关。与歧义回指条件中没有语境的情况不同，在长距离回指条件和短距离回指条件下，语境信息的整合会耗费更多的加工资源，这在 ERP 研究中一般表现为 N400 波幅的增大（Kutas & Hillyard，1980；Holcomb & Neville，1991）。极有可能是 N400 波幅的增大导致了 P300 波幅的减小，最终造成长距离和歧义回指条件下 P300 波幅差异的不显著。

4.4.3 N400 效应的缺失

N400 是一个波峰出现在刺激后 300 到 500 毫秒左右的中央-顶部负波。N400 效应反映了将词语整合进语义或语篇表征中的难度，其波幅与语义整合难度成正比，被认为是语义加工机制的 ERP 指标（Kutas & Hillyard，1980；Van Petten & Kutas，1990）。一般认为，N400 是由语义异常或语义失匹配诱发的。其实，大部分有意义的刺激都能诱发 N400，例如，与语境模式意义失匹配的单词（Bentin，McCarthy & Wood，1985）、假词（Bentin et al.，1985）、图片（Holcomb & McPherson，1994）甚至面孔（Barrett，Rugg & Perett，1988）。关于 N400 成分的功能意义仍有争论，其中有两种相反的观点。一种观点是，根据词汇通达假说，N400 标志着在长时记忆系统（心理表征）中词语语义特征的激活，N400 成分的波幅与从语义记忆系统中提取相关刺激的概念知识的难度相关（Kutas & Federmeier，2000）。一些研究发现，在句子加工过程中，促进词汇通达的因素会减小 N400 波幅，支持词汇通达假说。例如，研究发现，句子中第一次呈现的词比重复句子中某词的词诱发更大的 N400（Rugg，1985），低频词比高频词诱发更大的 N400（Heine et al.，2006），假词比真词诱发更大的 N400（Holcom & Neville，1990）。与第一种观点相反，有些研究者的观点是，N400 效应反映了与将语义信息整合进前面的语境相关的加工资源的消耗（Brown & Hagoort，1993；Hagoort，2003），有些研究的结果支持这一观点。

例如,研究发现,任何与目标词语义相关的语境信息都会导致 N400 波幅减小(Kutas & Hillyard,1980;Rugg,1985)。此外,有些研究发现,N400 成分的波幅不仅与语义差异或语义失匹配的程度相关,还受预期和语义相关度的影响,这表明,N400 效应可能反映了词汇通达完成之后的综合的语义加工过程(Sereno,Rayner & Posner)。例如,在加工句子框架"I like my coffee with cream and…"(我喜欢咖啡加奶油和……)(句子的最后一个词为变量)时,如果最后一个词是"honey"(蜂蜜)则比"sugar"一词诱发更大的 N400,尽管两个词都是日常交际用的高频词汇,如果最后一个词是"socks"(袜子)则比"salt"(盐)一词诱发更大的 N400,因为"salt"(盐)一词与读者/听者高度预期的"sugar"一词语义相关(Kutas & Hillyard,1984)。尽管关于 N400 的功能意义仍然存在争论,但是研究者们普遍认为,N400 对句子加工中的语义难度非常敏感(Kim & Sikos,2011)。

在回指加工的 ERP 研究中发现 N400 效应与回指元素的语义整合难度相关。例如,Schmitt 等(2002)的 ERP 研究发现,非最简形式回指语(如名词短语)在性这一语法范畴失匹配的条件下诱发了 N400 和 P600,而最简形式回指语(如代词"he/she/it")在相同条件下仅诱发了 P600,证明 N400 成分在回指加工中与语义加工难度相关。还有研究者(Streb et al.2004)发现,如果通过在先行语和回指语之间插入句子的方式来操纵先行语和回指语之间的距离,与先行语距离远的回指语比与先行语距离近的回指语诱发更大的 N400 波幅,研究者认为这一 N400 效应反映了在语义整合或建立同指关系中距离造成的工作记忆负荷。本 ERP 研究的结果却与 Streb 等(2004)的观点不符。如果回指语和先行语之间的距离影响回指加工中的语义整合难度,那么在本 ERP 研究中,语境操纵下的长距离"自己"回指应该比短距离回指诱发更大的 N400 波幅,然而,本 ERP 研究并没有探测到显著的 N400 效应。在本 ERP 研究中N400 效应的缺失说明语义加工机制在"自己"回指加工中仅起次要作用,而非主要作用。本研究的结果与关于英语等西方语言反身代词回指加工的研究结果相符。关于英语反身代词回指加工的 ERP 研究(Osterhout & Mobley,1995;Osterhout,Bersick & McLaughli,1997;Friederici,Steinhauer,Mecklinger & Meyer,1998)发现,反身代词和先行词之间某些语法范畴(如性和数)的失匹配会诱发 P600 效应,而非 N400 效应,研究者认为,P600 效应代表着句法复审过程,表明回指语主要通过句法加工机制与其先行语建立共指关系,而语义加工机制在此过程中仅起次要作用。这样的结果从某种程度上支持了关于"自己"回指的句法决定论的观点,即"自己"的指称绝对不会脱离

A 原则的句法限制(Jan Koster & Eric J. Reuland，1991)。

4.4.4　P600 效应

P600 也被称作句法正漂移(Syntactic Positive Shift，SPS)，是一个潜伏期在 500 到 1 200 毫秒左右的后脑区正波，其波幅与句法整合难度成正比，被认为是句法加工机制的 ERP 指标(Nevill et al.，1991；Osterhout & Holcomb，1992；Friederici，Hahne & Saddy，2002；Hagoort，2003)。本 ERP 研究探测到的 P600 效应首先说明语境通过句法加工机制影响"自己"回指加工。

很多关于句法违反的 ERP 研究报告了 P600 效应，包括主语-动词一致的违反(Hagoort，Brown，& Groothusen，1993)、动词次范畴化的违反(Osterhout，1997)、短语结构违反(Friederici & Mecklinger，1996)、表层和深层句法约束的违反 Hagoort，2003)，等等。另有研究表明，句法歧义的句子结构也会诱发 P600 效应，如花园路径句(The broker persuaded to sell the stock was sent to jail.)(Osterhout & Holcomb，1992)。研究者试图解释 P600 效应的功能意义，认为 P600 效应可能反映了给语言输入分配预设结构的难度(Hagoort et al.，1993)，可能反映了普遍的语言加工难度(Munte，Heinze，Matzke，Wieringa & Johannes，1998)，可能反映了句法复审或句法修复的后期过程(Friederici & Mecklinger，1996)，也有可能反映了候选句法结构的竞争(Hagoort，2003)。此外，还有研究者(例如 Coulson，King & Kutas，1998)认为，P600 是 P300 家族的一员，是对特异的或超出预期的刺激的更普遍的反应。尽管关于 P600 的功能意义还没有一个同一的解释，但是研究者普遍认为 P600 效应与结构或句法信息的加工相关(in Kim & Sikos，2011)。

在以上研究的基础上，另有研究(Friederici，Hahne & Saddy，2002)显示，P600 不是一个单一的成分，它包含两个副成分。其中一个是前脑区分布的 P600，反映由暂时句法歧义或句法难度引起的句法复审；另一个是后脑区分布的 P600，反映由句法违反引起的句法修复。那么，本研究探测到的前脑区分布的 P600 可能与句法复审相关。从这一角度来看，语境操纵下的长距离"自己"回指可以被看作由于长距离回指的心理表征和专家化的短距离回指心理表征的偏差引起的暂时性的句法歧义，之后通过句法复审过程来修复，句法复审过程反映为前脑区 P600 效应。本研究探测到的 P600 效应使笔者联想到 Li & Zhou(2011)在其无语境条件下"自己"回指加工的 ERP 研究中探测到的 P600 效应。在其研究中，实验的唯一变量是动词语义，通过动词语义来操纵"自己"的指称。结果显示，相对于短距离回指情况，"自己"在长距离回指情况下诱发了更大的 P300 和 P600 波幅,说明尽管"自己"能够违反 A 原则回指局部句法域外的长距离先行词,但是长距离回指会耗费更多的(脑)加工资源。其中 P300 效应被认为反映了对于基于 A 原则建立的(短距离回指)心理表征和基于动词语义建立的(长距离回指)心理表征的不符的探测,而 P600 效应则可能与将"自己"与长距离先行词进行连接的第二轮句法整合过程相关。Li & Zhou(2011)对"自己"回指加工中 P600 效应的解释与本 ERP 研究对 P600 效应的解释相一致。

在本 ERP 研究中,相比短距离语境条件,长短距离语境条件下"自己"诱发了更大的 P600 波幅,而短距离语境和歧义回指条件下"自己"诱发的 P600 波幅差异并不显著。这说明在无语境条件下,"自己"回指倾向于被自动加工为专家化的短距离回指,不需要句法复审过程来建立同指连接。

4.4.5　P300 - P600 效应模式

P300 - P600 的效应模式最早在暂时歧义句法结构加工的 ERP 研究中被发现。Friederici et al.(2001)研究了暂时歧义结构的花园路径句的加工,实验刺激是包含主语-宾语歧义的从句和主语-宾语歧义的补语从句。结果发现,有主语从句歧义导向的宾语从句比主语从句诱发了更大的 P300 和 P600,表明尽管两种从句开始都被处理为主语从句,但是有宾语从句歧义导向的主语从句的加工需要一个句法复审的过程。研究者认为,对于有主语从句歧义导向的宾语从句,其加工有两个过程,一个是探测,一个是复审。Li & Zhou(2011)在其无语境条件下"自己"回指加工的 ERP 研究中也探测到了 P300 - P600 效应模式,其中 P300 效应被认为反映了对于基于 A 原则建立的(短距离回指)心理表征和基于动词语义建立的(长距离回指)心理表征不相符的探测,而 P600 效应则可能与将"自己"与长距离先行词进行连接的第二轮句法整合过程相关。研究者对于 P300 - P600 效应模式的解释同样适合解释本研究探测到的 P300—P600 效应模式;P300 效应反映了对于基于 A 原则建立的专家化的短距离回指的心理表征和基于语境建立的长距离回指的心理表征不相符的探测,而 P600 效应可能反映了将反身代词"自己"与长距离先行词进行连接的句法复审过程。

P300 - P600 效应模式与心理语言学家建立的两阶段回指语识解加工模型(Corbett & Chang,1983;Nicol & Swinney,1989;Garrod & Sanford,1994;Callahan,2008)相符。他们认为回指语的识解主要包括两个阶段:第一个阶段被称为联结(bonding),这一阶段候选先行语被激活,受语法特征(如性和数)和句法结构(如管辖约束理论)的制约;第二个阶段被称作解决(resolution),这一阶段语境信息和(读者的)世界知识被用来筛选先行语。如果所加工的回指结构没有歧义(只有唯一的符合句法、语义等条件的先行语),那么在第一阶段回指语与先行语就能建立同指连接,在第二个阶段只做轻微调整;如果回指结构存在歧义,直到第二阶段才能获取回指语的指称解释。

此外,回指加工中的 P300 - P600 效应模式也支持了 Li & Zhou(2011)的观点,即"自己"回指加工中反映大脑资源消耗的所谓距离效应(回指语和先行语距离越近,回指连接建立越快)绝不仅仅与回指语和先行语之间的距离相关,而且还与回指句的句法结构或管约理论 A 原则相关。P300 - P600 效应模式表明对于长距离"自己"回指的加工会比短距离回指消耗更多的大脑加工资源,但是大脑加工资源的消耗绝不仅仅与回指语和先行语之间的距离相关,而且还与管约理论 A 原则相关,因为对于 A 原则的违反会诱发(违反)探测和(句法)修复的加工过程。

4.4.6　前脑区分布的 P600

值得注意的是,本 ERP 研究探测到的 P600 成分是前脑区分布,与 Li & Zhou(2011)在其无语境条件下"自己"回指加工的 ERP 研究中探测到的中后脑区分布的 P600 脑区分布不同。对于这一脑区分布的差异,一个可能的解释是两项 ERP 研究实验任务的设置不同。Li & Zhou(2011)在 ERP 研究中设置了外显任务(判断句子是否正确),实验任务与回指句的理解相关,考察的是被试对"自己"回指句的主动加工;而本 ERP 研究设置了内隐任务(判断目标词是否在刺激语句中出现过),实验任务与回指句的理解无关,考察的是"自己"回指的自动加工。句子基于长时记忆(经验)的由上而下的自动加工在 ERP 研究中一般表现为前脑区分布的 ERP 成分的变化。Pulvermuller & Shtyrov(2003)用 MMN(mismatch negativity,失匹配负波,即由小概率刺激诱发,反映信息的自动加工过程)范式证实了句法信息的自动加工,支持本研究的观点。

4.4.7　语境影响下"自己"回指加工的神经机制和时间进程

本研究进行了语境影响下"自己"回指加工的 ERP 研究,发现了 N170 效应、P300 效应和 P600 效应,表明语境通过知觉专家化机制、注意加工机制和句法加工机制影响"自己"回指加工。根据 ERP 总平均波形图,可以观察语境影响下"自己"回指加工的时间进程。首先,在 120—200 毫秒的时间窗,波峰出现在刺激后约 170 毫秒的颞枕区负波清晰可辨,在语境操纵下的短距离"自己"回指和无语境的歧义回指比长距离"自己"回指诱发了更大的波幅,此成分被识别为 N170。本研究中的 N170 效应表明,对于汉语母语者来说,局部(短距离)"自己"回指相比长距离回指是一种专家化的(熟悉的)语言现象,而且在刺激后 170 毫秒左右,专家化的(局部)"自己"回指和非专家化的(长距离)"自己"回指已经被区分。此后,在 300—500 毫秒的时间窗,波峰出现在刺激后约350 毫秒的正波清晰可辨,语境操纵下的长距离"自己"回指比短距离回指和无语境的歧义回指诱发了更大的波幅,此成分被识别为 P300 效应。根据 P300 效应本研究推论,在刺激后约 300 毫秒左右,注意加工机制在语境影响下的"自己"回指加工中开始起作用,可能与对于基于 A 原则建立的专家化的短距离回指的心理表征和基于语境建立的长距离回指的心理表征不相符的探测相关。在 400 毫秒左右的时间窗,并没有观察到 N400 效应,说明语义加工机制在汉语反身代词"自己"回指的加工中并非起主要作用。最后,在 600—950 毫秒的时间窗,一个正性漂移清晰可辨,语境操纵下的长距离"自己"回指比短距离回指和无语境的歧义回指诱发了更大的波幅,此成分被识别为 P600(也被称作句法正性漂移)。本研究中的 P600 效应表明,在刺激约 600 毫秒,语境操纵下的"自己"回指加工进入句法整合,可能与将反身代词"自己"与违反 A 原则的长距离先行词进行连接的句法复审过程相关。根据本 ERP 研究的结果,语境操纵下"自己"回指加工的时间进程可以总结为:(刺激后 170 毫秒左右)区分专家化(短距离)回指与非专家化(长距离)回指现象——(刺激后 300 毫秒左右)探测或诊断基于 A 原则所建立的专家化(短距离)回指心理表征和根据长距离语境所建立的(长距离)回指心理表征之间的不符(刺激后 400 毫秒左右,语义整合)——(刺激后 600 毫秒左右)为了修复不相符心理表征而引起的连接反身代词"自己"与违反 A 原则的长距离先行词的句法复审过程。

通过本 ERP 研究观测到的语境纵下"自己"回指加工的精确时间进程与通过本书的行为学研究观测到的语境纵下"自己"回指加工的粗略时间进程[即(初期加工阶段)不完全(语境)信息整合阶段——(刺激 160 毫秒后)完全语境信息整合阶段——(刺激 370 毫秒后)句法约束主导的多因素综合整合阶段]基本相符。两组时间进程的关联性将在本书第 6 章讨论。

此外,通过本 ERP 研究观测到的语境影响下"自己"回指加工的时间进程使笔者联想到通过对无语境条件下"自己"回指加工的 ERP 研究观测到的时间加工进程。Li & Zhou(2010)对无语境条件下的"自己"回指加工进行了 ERP 研究,实验中让被试阅读"先行词$_1$ + 动词$_1$ + 先行词$_2$ + 动词$_2$ + 自己"结构的"自己"回指句,如"老师让学生要相信自己"(The teacher asked the student to believe him/himself),实验的唯一变量为动词语义。结果发现：相对于短距离回指情况,"自己"在长距离回指情况下诱发了更大的 P300 和 P600 波幅,说明违反 A 原则的长距离"自己"回指会耗费更多的大脑加工资源;其中 P300 效应被认为反映了对于基于 A 原则建立的(短距离回指)心理表征和基于动词语义建立的(长距离回指)心理表征不相符的探测;而 P600 效应则可能与将"自己"与长距离先行词进行连接的第二轮句法整合过程相关。根据 Li & Zhou (2010)的 ERP 研究,无语境条件下"自己"回指加工的时间进程可以总结为以 P300 - P600 效应模式为指标的"诊断(探测)——重分析(句法复审)"过程,这与通过本 ERP 研究观测到的语境影响下"自己"回指加工后期阶段的时间进程相符。但是,Li & Zhou(2010)的研究并没有像本 ERP 研究一样报告以 N170 效应为指标的"自己"回指加工早期阶段的时间进程或特征。有两方面的原因可能造成这一差异。第一个原因可能与不同学者对早期 ERP 成分和语言加工的关系的看法不一样有关。有些学者认为,语言加工是一个十分复杂的过程,而 ERP 早期成分往往受刺激的物理属性的影响,所以对于语言相关的 ERP 研究,没有必要分析早期成分;而有些学者认为,在语言相关的 ERP 研究中发现了早期成分,恰恰说明语言使用者在加工早期便识别了不同的语言变量,因此需要分析早期成分。那么在 Li & Zhou(2010)的 ERP 研究中或许发现了 N170 成分,只是研究者没有对其进行分析。第二个原因可能与实验变量的设置相关。在 Li & Zhou(2010)的 ERP 研究中,以动词语义来操纵"自己"的回指情况,但是动词语义不能完全操纵"自己"的回指情况。根据研究者的实验后调查问卷,实验中作为歧义指称(既能指称长距离先行词,也能指称短距离先行词)的实验语句,仅有 25.6% 被判断为歧义指称,而 44.1% 被判断为回指长距离先行词,30.3% 被判断为回指短距离先行词。这一情况可能造成"自己"回指加工早期阶段指称情况区分的难度增大,造成像 N170 这样的早期成分缺失。尽管通过本 ERP 研究和 Li & Zhou(2010)的研究观测的"自己"回指加工早期阶段的时间进程或特征有差异,但是,在两项 ERP 研究中相同的 P300 - P600 效应模式表明,无论是有语境条件下还是无语境条件下,"自己"回指加工在后期阶段都表现出"诊断(探测)——重分析(句法复审)"的时间进程。

4.4.8 对相关理论问题的启示

关于什么因素决定"自己"回指这一问题,语言学界一直存在理论争论(详见本书第 2.1 小节("自己,回指的理论研究")。早期主要形成了两种相对立的"自己"（长距离）回指的理论解释模式，即句法决定论和非句法决定论（胡建华，1998；胡建华，潘海华，2002）。其理论争论的焦点在于"自己"回指能否完全脱离句法因素，尤其是管辖约束理论（Norm Chomsky，1981，1986）A 原则的限制。到目前为止，句法的以及非句法的理论假设还都不能对"自己"回指问题做出完整的解释。近来有学者提出，综合解释模式（包括句法、语义、语用、语篇等因素）才是解决"自己"回指问题的正确途径（如：Pollard & Xue，1998，2001；Hu & Pan，2002；Koornneef，2008）。关于什么因素决定"自己"回指这一问题，本 ERP 研究的结果表明语境因素（ERP 实验的唯一变量）和句法因素（反映为 P600 效应）都参与"自己"回指的神经加工过程，支持综合解释模式的理论假设。此外，本 ERP 研究中的 P600 效应表明，语境因素通过句法加工机制影响"自己"回指加工，证明句法因素在"自己"回指加工中起主导作用，在一定程度上支持句法决定论关于"自己"的指称绝对不会脱离 A 原则句法限制（Jan Koster & Eric J. Reuland，1991）的理论假设。

关于"自己"回指问题的综合解释模式也分为两种，即混合（mixed）模式和多因素决定论。混合模式将"自己"区分为两种：一种为局部反身代词"自己"，是句法回指语，受管约理论 A 原则的约束；另一种为长距离反身代词"自己"，是有语篇传递作用的回指语（logophor），受语篇-语用因素的制约（Huang & Liu，2001；Reuland，1993；Pollard & Sag，1992；Xue，Pollard & Sag，1994）。Hu & Pan（2002），Pollard & Xue（1998，2001）等学者也在"自己"回指的研究中综合考虑多种因素的作用，但是与混合模式不同，他们认为短距离和长距离"自己"回指都受同样因素（机制）的制约；只有一种反身代词"自己"在指称中受句法和语篇因素的双重约束，进行短距离回指和长距离回指。本 ERP 研究的结果表明，无论回指短距离先行词，还是回指长距离先行词，汉语反身代词"自己"均能在语境的操纵下与正确的先行词建立同指关系，并且其句法加工机制在语境影响下"自己"回指的加工中起主导作用，证明短距离和长距离"自己"回指都受同样因素（机制）的制约。反身代词"自己"在指称中受句法和语篇因素的双重约束，支持多因素决定论的观点。

基于本 ERP 研究的结果，能够得到与基于本书的行为学研究（见第 3 章）一样的重要结论：（管约理论 A 原则）句法约束在多种因素参与"自己"回指的神经加工过程中起主导作用，即（语境影响下）"自己"回指的神经加工遵循"多因素参与、句法主导"的模式。

此外，本 ERP 研究探测到（语境影响下）"自己"回指加工具有"多因素参与、句法主导"的模式，表明尽管汉语反身代词"自己"能够违反管约理论 A 原则进行长距离回指,但是"自己"回指的神经加工与英语等西方语言的反身代词回指加工遵循相似的规则或模式。关于英语等西方语言反身代词回指加工的生理心理学研究证实,多种因素参与反身代词回指加工(Hammar et al,2011),而句法因素在此过程中起主要作用(Osterhout & Mobley, 1995; Osterhout, Bersick & McLaughli, 1997; Friederici, Steinhauer, Mecklinger & Meyer, 1998)。例如,关于英语代词回指的功能核磁共振(fMRI)研究(Hammar et al., 2011)探测到了大脑后颞枕区(与句法检索相关)和左前脑区(与词汇语义检索相关)的激活,证明回指加工是句法和(词汇)语义机制综合作用的结果。而关于英语反身代词回指加工的 ERP 研究(Osterhout & Mobley, 1995; Osterhout, Bersick & McLaughli, 1997; Friederici, Steinhauer, Mecklinger & Meyer, 1998)发现,反身代词和先行词之间某些语法范畴(如性和数)的失匹配会诱发 P600 效应,而非 N400 效应。研究者认为,P600 效应代表着句法复审过程,表明回指语主要通过句法加工机制与其先行语建立共指关系,而语义加工机制在此过程中仅起次要作用。Schmitt 等(2002)的 ERP 研究支持了这一观点,他们的研究发现,非最简形式回指语(如名词短语)在性这一语法范畴失匹配的条件下诱发了 N400 和 P600,而最简形式回指语(如代词"he/she/it")在相同条件下仅诱发了 P600,证明 N400 成分在回指加工中仅与语义加工难度相关。

本 ERP 研究的结果对于解决句子的序列加工模型和平行加工模型的理论争论也有一定启示作用。平行加工模型理论认为各种信息一旦被获取就立即作用于句子加工(Marwlen-Wilson, 1975),而序列加工模型理论认为在句法结构的构建结束之后其他信息才被用来对句法分析做出评价(Frazier & Rayner, 1982)。本 ERP 研究的结果表明语境因素早在刺激后约 170 毫秒(反映为 N170 效应)就开始影响"自己"回指句的加工,而在"自己"回指句的加工中句法整合过程直到刺激后 600 毫秒(反映为 P600 效应)还未结束,,支持了平行加工模型的理论假设,而与序列加工模型理论的假设不符。Van Berkum 等(2007)对谓语动词含有隐含意义的回指句加工的 ERP 研究的结果也支持了平行加工模型的理论假设。其研究发现:当回指语出现的位置与动词隐含意义所指示的位置不相符时(如例句"Linda apologized to David because he according to the witnesses was not the one to blame"),回指语(如例句中的代词 he)会诱发 P600 效应;而当回指语出现的位置与动词隐含意义所指示的位置相符时(如例句"David apologized to Linda because he according to the witnesses was the one to blame"),则不诱发 P600 效应。这样的结果说明,动词的隐含意义在读者读到动词时便即时影响回指加工。

　　最后,也是很重要的一点,本 ERP 研究表明,管约理论 A 原则不仅规定了英语等西方语言反身代词受局部约束的情况,它也潜在地制约汉语反身代词"自己"的神经加工过程,理由如下:第一,与管约理论 A 原则相符的短距离"自己"回指的心理表征是汉语母语者为了专家化阅读而在大脑中发展的专家化的心理表征(反映为短距离回指条件比长距离回指条件诱发更大的 N170 波幅),而违反 A 原则句法约束的非专家化长距离"自己"回指的加工会引发对句法违反的探测(反映为 P300 效应)和句法修复(反映为 P600 效应)过程;第二,无语境歧义"自己"回指的短距离指称倾向(反映为语境操纵下的短距离"自己"回指和无语境歧义"自己"回指诱发的 N170 和 P600 波幅无显著差异,而二者与长距离"自己"回指诱发的波幅差异显著)与 A 原则相符。

4.5　本 章 小 结

　　本章陈述了关于语境影响下"自己"回指加工的 ERP 研究。本 ERP 研究记录和分析了在不同语境条件下(长距离语境、短距离语境、无语境条件下的歧义回指)加工"自己"回指的脑电数据,来探究语境影响下"自己"回指加工的特征和精确的时间进程以及语境通过什么神经机制影响"自己"回指加工。

　　ERP 研究的结果发现,在长距离回指条件下比在短距离回指条件下诱发了更小的 N170 波幅、更大的 P300 波幅和更大的 P600 波幅,说明语境通过知觉专家化机制、注意加工机制和句法加工机制影响"自己"回指加工。N170 效应表明,对于汉语母语者来说,局部(短距离)"自己"回指相对于长距离回指来说是一种专家化的(熟悉的)语言现象,从而推论,局部"自己"回指的心理表征是汉语母语者为了专家化阅读而在大脑中发展的关于"自己"回指的专家化心理表征。P300 效应表明,加工非专家化的(长距离)"自己"回指比加工专家化的短距离"自己"回指需调配更多的注意资源,而这个 P300 效应可以被解释为反映了对于基于 A 原则所建立的专家化(短距离)回指心理表征和根据长距离语境所建立的长距离回指心理表征之间不相符的探测或诊断。P600 效应可能与将反身代词"自己"与违反 A 原则的长距离先行词进行连接的句法复审过程相关。

　　本 ERP 研究发现了 P600 效应(句法加工机制的 ERP 指标),而非 N400 效应(语义加工机制的 ERP 指标),表明句法加工机制在汉语反身代词"自己"的回指加工中起主要作用。这一研究结果与关于英语等西方语言反身代词回指加工的研究结果相符。关于英语反身代词回指加工的 ERP 研究表明，回指语主要通过句法加工机制与其先行语建立共指关系，而语义加工机制在此过程中仅起次要作用（Osterhout & Mobley，1995；Osterhout，Bersick & McLaughli，1997；Friederici，Steinhauer，Mecklinger & Meyer，1998）。

根据本 ERP 研究的结果，语境操纵下"自己"回指加工的时间进程可以总结为：刺激后 170 毫秒左右，区分（通过知觉专家化机制）专家化的（局部）"自己"回指和非专家化的（长距离）"自己"回指——刺激后 300 毫秒左右，（通过注意加工机制）探测基于 A 原则建立的专家化的短距离回指的心理表征和基于语境建立的长距离回指的心理表征不相符——刺激后 600 毫秒左右，（通过句法加工机制）连接反身代词"自己"与违反 A 原则的长距离先行词的句法复审过程。

本书关于语境操纵下"自己"回指的 ERP 研究表明，管约理论 A 原则不仅规定了英语等西方语言反身代词受局部约束的情况，它也潜在地制约汉语反身代词"自己"的神经加工过程，尽管后者能够违反 A 原则进行长距离回指。本 ERP 研究的结果对解决一些理论问题或理论争论也有一定的启示作用，如关于"自己"回指决定因素的理论争论，以及关于句子加工的序列模型和平行模型的理论争论。

第5章
综合讨论

5.1 行为学和 ERP 研究结果简述

本书关于语境操纵下"自己"回指加工的实证研究包括行为学研究和 ERP 研究两部分。

本书的行为学研究通过语义启动范式探测了语境影响下"自己"回指加工在三个不同阶段的特征。本研究共实施了三项行为学实验。在实验中,要求被试默读长距离或短距离语境下的"自己"回指句,然后完成词汇选择任务;目标词或者与长距离先行词相关,或者与短距离先行词相关,或者为中性词。在三项行为学实验中,启动词"自己"与目标词之间的刺激间隔时间(ISI)分别被设定为 0 毫秒、160 毫秒和 370 毫秒。

行为学实验 1 用语义启动技术探测了语境影响下"自己"回指初期加工阶段的特征。反应时数据显示,L 目标词在长距离语境下的反应时显著短于在短距离语境下的反应时,而 S 目标词在短距离语境下的反应时显著短于在长距离语境下的反应时,表现出目标词在相应语境下的启动效应,说明语境信息在"自己"回指加工的初期阶段就开始起作用。此外,反应时数据还显示,在长距离语境条件下,L 目标词与 N 目标词的反应时显著短于 S 目标词的反应时,而在短距离语境条件下,三种目标词的反应时没有显著区别,表现出在长距离语境条件下 L 目标词的启动效应,而在短距离语境条件下却没有相应目标词(S 目标词)的启动效应。这说明虽然语境信息在"自己"回指加工的初期阶段就开始起作用,但是在初期认知加工阶段,(语境)信息的加工仍然不完全/不平衡,表现出长距离回指(加工)优势。

行为学实验 2 用语义启动技术探测了语境影响下"自己"回指在刺激 160

毫秒后加工阶段的特征。与实验 1 的结果一样,实验 2 也探测到目标词在语义相关语境下的启动效应,说明在此加工阶段语境信息继续影响"自己"回指加工。此外,反应时数据还显示:在长距离语境条件下,L 目标词与 N 目标词的反应时显著短于 S 目标词的反应时,而在短距离语境条件下,S 目标词与 N 目标词的反应时显著短于 L 目标词的反应时;在长距离和短距离语境下都发现先行词对相应目标词的启动效应,说明语境信息在此阶段加工得更加深入和充分。由此推论,在刺激 160 毫秒后,语境影响下的"自己"回指加工进入充分的语境信息整合。

行为学实验 3 用语义启动技术探测了语境影响下"自己"回指在刺激 370 毫秒后(人类后知觉加工阶段)加工阶段的特征。首先,行为学实验 3 的反应时分析发现了与行为学实验 1 和 2 相同的效应,即 L 目标词在长距离语境下的反应时显著短于在短距离语境下的反应时,而 S 目标词在短距离语境下的反应时显著短于在长距离语境下的反应时,表现出目标词在相应语境下的启动效应,表明在此加工阶段语境信息对"自己"回指加工的影响。行为学实验 3 也发现了与行为学实验 2 相同的效应,即在长距离语境条件下 L 目标词的启动效应和在短距离语境条件下 S 目标词的启动效应,表明在此加工阶段语境信息的充分整合。此外,行为学实验 3 的反应时分析探测到目标词类型主效应,S 目标词的反应时显著短于 L 目标词和 N 目标词的反应时,表现出"自己"受局部约束的倾向。根据实验结果推测,在此加工阶段(刺激 370 毫秒后),语境影响下的"自己"回指加工进入多因素(至少包含语境因素和句法因素)综合整合阶段,而(管辖约束理论 A 原则的)句法约束在这一阶段起主导作用。

本书的 ERP 研究探测了语境影响下"自己"回指加工的特征和精确的时间进程以及语境通过什么神经机制影响"自己"回指加工。实验记录了被试在加工不同语境条件下(长距离语境、短距离语境、无语境/歧义)的"自己"回指时的 ERP 数据。实验发现,"自己"在长距离语境条件下比在短距离语境和歧义无语境条件下诱发了更小的 N170 波幅、更大 P300 波幅和更大的 P600 波幅,说明语境通过知觉专家化机制、注意加工机制和句法加工机制影响"自己"回指加工。N170 效应表明,对于汉语母语者来说,局部(短距离)"自己"回指相对于长距离回指来说是一种专家化的(熟悉的)语言现象,从而推论,局部"自己"回指的心理表征是汉语母语者为了专家化阅读而在大脑中发展的关于"自己"回指的专家化心理表征。P300 效应表明,加工非专家化的(长距离)"自己"回指比加工专家化的短距离"自己"回指调配更多的注意资源,而这个 P300 效应可以被解释为反映了对于基于 A 原则所建立的专家化(短距离)回指的心理表征和根据长距离语境所建立的长距离回指的心理表征之间不相符的探测或诊断。P600 效应可能与为了修复不相符心理表征而引发的连接反身代词"自己"与违反 A 原则的长距离先行词的句法复审过程相关。

5.2　语境影响下"自己"回指加工的时间进程

在本书的研究中,三组行为学实验分别探测了语境影响下"自己"回指在三个不同加工阶段的特征,通过这些行为学实验的结果,可以观察语境影响下"自己"回指加工的粗略(三个阶段)时间进程。行为学研究的结果显示,语境信息在"自己"回指加工的初期便开始起作用。但是在初期认知加工阶段,(语境)信息的整合并不充分/不平衡,表现出长距离回指(加工)优势;在刺激 160 毫秒后(进入人类早知觉加工阶段)的加工阶段,语境影响下的"自己"回指加工进入充分语境信息整合的阶段;在刺激 370 毫秒后(人类后知觉加工阶段后期)的加工阶段,"自己"回指加工进入多因素综合整合的阶段,而(管约理论 A原则的)句法约束在此加工阶段起主导作用。根据三项行为学研究的结果,语境影响下"自己"回指加工的粗略时间进程可以总结为:(初期加工阶段)不完全(语境)信息整合的阶段——(刺激 160 毫秒后)完全语境信息整合的阶段——(刺激 370 毫秒后)句法约束主导的多因素综合整合的阶段。

本书的 ERP 研究探测了语境影响下"自己"回指加工的精确时间进程,发现了 N170 效应、P300 效应和 P600 效应,说明语境通过知觉专家化机制、注意机制和句法加工机制影响"自己"回指加工。根据本 ERP 研究的结果,语境影响下"自己"回指加工的时间进程可以总结为:(刺激后 170 毫秒左右)区分专家化(短距离)"自己"回指与非专家化(长距离)"自己"回指——(刺激后 300毫秒左右)探测或诊断基于 A 原则所建立的短距离回指的心理表征和根据长距离语境所建立的长距离回指的心理表征之间的不相符——(刺激后 600 毫秒左右)为了修复不相符心理表征而引起的连接反身代词"自己"与违反 A 原则的长距离先行词的句法复审过程。

本书的行为学研究和 ERP 研究探测到的语境影响下"自己"回指加工的时间进程基本相符,证实了两种数据的客观性。第一,行为学实验 1 的结果表明,语境信息在"自己"回指的初期加工阶段便开始起作用,但是在此加工阶段,(语境)信息的整合并不充分/不平衡;与此相符的是,ERP 实验在刺激后170 毫秒以前并没有探测到受实验变量(语境)操纵的成分;在"自己"回指加工的初期阶段,语境信息整合的不充分/不平衡极有可能导致了受语境操纵的 ERP 成分的缺失。第二,在行为学实验 2 中,长距离和短距离语境条件下都表现出先行词对与语义相关的目标词的启动效应,说明在刺激 160 毫秒后,语境信息的整合更加充分,而且在语境操纵下长距离和短距离"自己"回指都已经被识别。这与 ERP 研究的结果相符,N170 效应说明在刺激后 170 毫秒左右,专家化(短距离)"自己"回指已经被与非专家化(长距离)回指区分开来。第三,行为学实验 3 发现的目标词主效应显示,与短距离先行词语义相关的目标词反应时短于与长距离先行词语义相关的目标词,表现出"自己"回指的局部约束倾向,说明在刺激 370 毫秒后,"自己"回指加工进入多因素综合整合阶段,而(管约理论 A 原则的)句法约束在这一阶段起主导作用。这样的反应时数据与 ERP 数据相符,P300 - P600 效应模式标志着对违反 A 原则的长距离"自己"回指的诊断(探测)——再分析(句法复审)的加工过程,说明加工非专家化的长距离"自己"回指比加工专家化的短距离回指耗费更多的脑资源。

由此,综合本书的行为学研究和 ERP 研究的结果,语境影响下"自己"回指加工的时间进程可以总结为以下三个阶段:①初期加工阶段,刺激后 160 毫秒之前——不充分语境信息整合阶段,在此加工阶段,专家化(短距离)和非专家化(长距离)的"自己"回指尚未被区分;②刺激 160 毫秒后——充分语境信息整合阶段,在此加工阶段,大脑已经区分专家化(短距离)和非专家化(长距离)的"自己"回指;③刺激 300 毫秒后——(管约理论 A 原则)句法约束主导的多因素综合整合阶段,在此加工阶段,违反 A 原则的长距离"自己"回指引发"诊断(探测)——重分析(句法复审)"过程。(见表 5.1)

表 5.1　语境影响下"自己"回指加工的时间进程

研究类型	时间进程		
行为学研究	初期加工阶段	刺激 160 毫秒后	刺激 370 毫秒后
	不完全语境信息整合	充分语境信息整合	句法机制主导的多因素综合整合
ERP 研究		刺激后 170 毫秒左右	刺激 300 毫秒后
	无实验变量(语境)操纵的 ERP 效应	N170 效应:区分专家化和非专家化"自己"回指	P300 - P600 效应:对 A 原则违反的探测——句法修复

　　此外，通过本书的行为学研究和 ERP 研究观测到的语境影响下"自己"回指加工的时间进程与人类认知加工进程相符。人类认知加工进程分为早知觉加工阶段和后知觉加工阶段。刺激后 200 毫秒内为早知觉加工阶段，往往受刺激的物理属性（如强度、类型、频率等）的影响；刺激 200 毫秒之后为后知觉加工阶段，与深层次的认知-心理加工（如选择和记忆更新）相关，不再受刺激的物理属性的影响。在本书的实证研究中，行为学实验 1 探测到"自己"回指在初期加工阶段表现出长距离回指加工的优势，可以结合凸显理论和先行提述者优势效应对其进行解释，进而推论，语境操纵下的"自己"回指在其初期加工阶段可能受刺激（先行词）的物理属性，如出现时间（表现为先行提述者优势效应）和句法位置（表现为句法位置凸显效应）的影响。行为学实验 2 发现长距离回指加工优势消失，结合 ERP 研究中的 N170 效应，表明在刺激 160 毫秒后/刺激后 170 毫秒左右，语境操纵下的"自己"回指加工进入充分的语境信息整合阶段，大脑已经能够区分专家化和非专家化的"自己"回指，不再受刺激的物理属性的影响。行为学实验 3 以及 ERP 研究中的 P300、P600 效应表明，在刺激 300 毫秒后，语境操纵下的"自己"回指进入注意加工和句法复审加工阶段，可以观察到在后知觉加工阶段的深层次认知-心理加工。

　　最后，本研究中探测到的语境影响下"自己"回指加工的时间进程也使我们联想到无语境条件下"自己"回指加工的时间进程。高立群等（2005）和刘兆静（2009）对无语境条件下的"自己"回指加工进行了行为学研究，实验中的唯一变量为先行词的句法位置。根据他们的研究，无语境条件下"自己"回指加工的粗略时间进程（三个阶段）可以总结为：句法整合（与 A 原则相符）——由句法加工引起的长距离回指倾向——（词汇）语义整合。这与本研究中探测到的语境影响下"自己"回指加工的时间进程有很大差异。这种差异产生的原因可能在于不同实验条件（即以语境为唯一变量和以句法位置为唯一变量）的设置。此外，Li & Zhou（2010）对无语境条件下的"自己"回指加工进行了 ERP 研究，实验中的唯一变量为动词语义。实验发现，相比短距离回指条件，在长距离回指条件下"自己"诱发了更大的 P300 和 P600 波幅。尽管 Li & Zhou（2010）的研究并没有像本 ERP 研究一样报告以 N170 效应为指标的"自己"回指加工早期阶段的时间进程或特征，本 ERP 研究和 Li & Zhou（2010）的研究都探测到了 P300 - P600 效应，都可以用"诊断（探测）——再分析（句法复审）"模式来解释，表明不论在有语境条件下还是无语境条件下，"自己"回指加工在后期阶段都表现出"诊断（探测）——重分析（句法复审）"的时间进程。

5.3 "自己"回指的决定因素

关于什么因素决定"自己"回指这一问题,语言学界一直存在理论争论(详见本书第2.1小节)。早期主要形成了两种相对立的"自己"(长距离)回指的理论解释模式,即句法决定论和非句法决定论(胡建华,1998;胡建华 & 潘海华,2002)。其理论争论的焦点在于"自己"回指能否完全脱离句法因素,尤其是管辖约束理论(Norm Chomsky,1981,1986)A原则的限制。到目前为止,句法的以及非句法的理论假设还都不能对"自己"回指问题做出完整的解释。近来有学者提出,综合解释模式(包括句法、语义、语用、语篇等因素)才是解决"自己"回指问题的正确途径(如,Hu & Pan,2002;Koornneef,2008;Pollard & Xue,1998,2001)。

一方面,本书的行为学研究和ERP研究的结果首先支持综合解释模式的理论假设。行为学和ERP研究的结果都表明,语境因素(在本书的两类实验中都是唯一变量,证实对不同的实验条件产生影响)和句法因素(在行为学实验3中反映为目标词类型主效应,S目标词的反应时显著短于L目标词和N目标词的反应时;在ERP实验中反映为标志着句法加工机制的P600效应)都在"自己"回指加工中起作用。另一方面,行为学研究3显示句法因素在多因素整合中起主导作用,ERP研究中的P600效应表明语境通过句法加工机制影响"自己"回指加工,证明句法机制在"自己"回指加工中起主导作用,在一定程度上支持句法决定论关于"自己"的指称绝对不会脱离A原则句法限制(Jan Koster & Eric J. Reuland,1991)的理论假设。

另一方面,显示在语境影响下"自己"回指加工的后期(刺激后370毫秒左右),句法因素在多因素整合中起主导作用,表现出与A原则相符的局部约束倾向,这在某种程度上支持了句法学派的假设(认为"自己"回指绝不会脱离句法,尤其是A原则的限制)。本ERP研究的结果与行为学研究的结果相符。一方面,ERP数据表明语境因素和句法因素(反映为P600效应)都在"自己"回指加工中起作用;另一方面,P600效应表明语境通过句法加工机制影响"自己"回指加工,证明句法机制在"自己"回指加工中起主导作用,这在某种程度上支持句法学派的假设。

本书第2.1.3小节("自己"回指的综合解释模式)曾回顾过,不同学者对关于"自己"回指的综合解释也有不同的界定或理解。Huang & Liu(2001),

Reuland(1993)，Pollard & Sag(1992)，Xue，Pollard & Sag(1994)等学者将"自己"划分为局部反身代词"自己"和长距离反身代词"自己"，认为前者受句法约束，而后者受语内传递(logophoricity)等语篇-语用因素制约，这种"自己"回指的综合解释模式被称为混合模式(mixed approach)(Huang & Liu，2001)。Pollard & Xue(1998,2001)，Hu & Pan(2002)也在"自己"回指的研究中综合考虑多种因素的作用。Hu & Pan(2002)指出无论是长距离还是短距离"自己"，都由统一的原则——显著性原则——来约束，而 NP(名词短语)显著性的计算涉及句法、语义、语用、语篇等多种因素。Pollard & Xue(1998,2001)划分了反身代词的句法性用法和非句法性用法，并指出只有一种反身代词，其在指称中受句法和语篇因素的双重约束，这种"自己"回指的综合解释模式被称为多因素决定论(multiple-determinant approach)。

本行为学和 ERP 研究的结果证明无论是长距离还是短距离"自己"，其受约束情况都可以由语境直接操纵，而(管约理论 A 原则的)句法约束在其加工(后期阶段)中都起主导作用，支持多因素决定论的理论观点，即只有一种反身代词，其在指称受句法和语篇因素的双重约束，不支持混合模式将"自己"区分为两种的观点。

根据本书关于语境操纵下"自己"回指加工的行为学和 ERP 研究的结果得出结论，多种因素参与"自己"回指的神经加工过程，(管约理论 A 原则)句法约束在此过程中起主导作用，即(语境影响下)"自己"回指的神经加工遵循"多因素参与、句法主导"的模式。"自己"回指加工的这一模式表明，尽管汉语反身代词"自己"能够违反管约理论 A 原则进行长距离回指，但是"自己"回指的神经加工与英语等西方语言反身代词的回指加工遵循相似的规则或模式。关于英语等西方语言反身代词回指加工的生理心理学研究证实，多种因素参与反身代词回指加工(Hammar et al，2011)，而句法因素在此过程中起主要作用(Osterhout & Mobley，1995；Osterhout，Bersick & McLaughli，1997；Friederici，Steinhauer，Mecklinger & Meyer，1998)。例如，关于英语代词回指的功能核磁共振(fMRI)研究(Hammar et al.，2011)探测到了大脑后颞枕区(与句法检索相关)和左前脑区(与词汇语义检索相关)的激活，证明回指加工是句法和(词汇)语义机制综合作用的结果。而关于英语反身代词回指加工的 ERP 研究(Osterhout & Mobley，1995；Osterhout，Bersick & McLaughli，1997；Friederici，Steinhauer，Mecklinger & Meyer，1998)发现，反身代词和先行词之间某些语法范畴(如性和数)的失匹配会诱发 P600 效应，而非 N400 效应。研究者认为，P600 效应代表着句法复审过程，表明回指语主要通过句法加工机制与其先行语建立共指关系,而语义加工机制在此过程中仅起次要作用。Schmitt 等(2002)的 ERP 研究支持了这一观点。他的研究发现,非最简形式回指语(如名词短语)在性这一语法范畴失匹配的条件下诱发了 N400 和 P600,而最简形式回指语(如代词"he/she/it")在相同条件下仅诱发了 P600,证明 N400 成分在回指加工中仅与语义加工难度相关。

5.4 "自己"回指的主语倾向性与阻隔效应

关于"自己"(长距离)回指问题,理论语言学家提出了很多种解释方案(详见本书第 2.1 小节),目前还没有一种单一的理论模式能够完整地解释"自己"回指问题,其中一个难题就是解释反身代词"自己"在寻求先行语时表现出的主语倾向性和长距离回指中的阻隔效应这对矛盾现象。

"自己"回指的主语倾向性指"自己"倾向于选择某句法层面上的主语作先行语(Huang,1982;Mohanan,1982)的语言现象。例如,在英语句子"$John_j$ gave $Mary_m$ a picture of $herself_m$"中,反身代词"herself"指代直接宾语"Mary";而在汉语对等句"$John_j$ 给 $Mary_m$ 一张自己(ziji)$_j$ 的照片"中,反身代词"自己"倾向于指代主语"John"。徐烈炯(1992)认为,主语倾向性并不绝对,在汉语的"把"字句和"被"字句中,命题宾语通常成为"自己"的先行语。例如,在句子"他一直被我们当作自己的榜样"(He is always taken as the model of ourselves)中,反身代词"自己"指称命题宾语"我们"。

"自己"回指的阻隔效应指只有当介于"自己"和长距离先行语之间的(从句)主语与长距离先行语在人称特征上一致时,长距离回指才能发生;否则,如果介于两者之间的(从句)主语在人称特征上不一致,"自己"长距离回指便被阻断(Y.H. Huang,1984;Tang,1985,1989)。例如,在汉语句子"$我_j$ 觉得$你_j$ 对自己$_j$ 没有信心"(I think you have no confidence in yourself/ * me)中,大主语"我"不能成为"自己"的先行语,因为"我"与局部主语"你"在人称上不一致。一个相反的例子是,在汉语句子"张三知道李四对自己没信心"(Zhangsan knows that Lisi has no confidence in him/himself)中,大主语"张三"可以成为"自己"的先行词,因为"张三"与小主语"李四"在人称上一致(例句摘自潘海华,2001)。除了以上的例子,也有研究发现,介入"自己"和长距离先行语之间的具有不同人称特征的次统治名词短语(Huang & Tang,1991)以及直接宾语和间接格(Xue,Pollard & Sag,1994)也可导致阻隔效应。潘海华(1997,

2001)提出,阻隔效应具有非对称性,即第一/第二人称主语可以阻断第三人称主语对"自己"的长距离约束,但是第三人称主语未必能阻断第一/第二人称主语。他进一步限定了阻隔效应发生的情况,认为只有当长距离先行语和"自己"之间插入的主语是第一/第二人称代词时,才会阻断长距离回指,而且,这些插入的代词不仅仅作为主语,它们在执行其他的语法功能时,也会产生阻隔效应。

　　值得注意的是,无论是主语倾向性还是阻隔效应,大都发生在无语境的回指句中,对二者的研究也都是在无语境的条件下进行的。本书结合对语境影响下"自己"回指加工的行为学和 ERP 研究的结果对这两个现象进行了初步讨论。

　　本书的行为学实验 1 在长距离语境条件下发现了 L 目标词的启动效应,而在短距离语境条件下却没有发现相应目标词(S 目标词)的启动效应,表明虽然语境信息在"自己"回指的初期加工阶段就起作用,但是在此加工阶段,语境信息的加工仍然不充分/不平衡,表现出长距离回指加工的优势。这一长距离"自己"回指加工的优势,与"自己"回指的主语倾向性现象相符。本书结合心理学的凸显理论和先行提述者优势理论解释了这一现象。从人类认知加工进程来看,刺激后 200 毫秒以内为早知觉加工阶段,受刺激的物理属性(如强度、类型、频率等)的影响;刺激后 200 毫秒至数秒为后知觉加工阶段,不再受刺激的物理属性的影响,而与深层次的认知心理加工(如选择和记忆更新)相关。由此行为学研究 1 做出了推论:"自己"回指加工的初期阶段可能受刺激的物理属性,如出现时间(表现为先行提述者优势效应)和句法位置(表现为句法位置凸显效应)的影响,表现出长距离回指加工的优势;而"自己"回指加工的后期应该进入深层次认知加工阶段,如语义、语境和句法整合,而不再受刺激物的理属性的影响。本行为学实验 2 在长距离和短距离语境下都发现了相应目标词的启动效应,长距离回指加工的优势消失,表明在此加工阶段(刺激 160 毫秒后),语境信息的整合更加深入和充分,验证了行为学研究 1 的推论。本书的 ERP 研究的结果与行为学研究的结果基本相符,ERP 实验在刺激后 170 毫秒以前并没有探测到受实验变量(语境)操纵的成分;在"自己"回指加工的初期阶段,语境信息整合的不充分/不平衡极有可能导致了受语境操纵的 ERP 成分的缺失;而 N170 效应的出现说明在刺激后 170 毫秒左右,专家化(短距离)"自己"回指与非专家化(长距离)"自己"回指已经被区分开来。根据本书的行为学和 ERP 研究的结果得出结论:在语境影响下"自己"回指加工的初期,发现了与"自己"回指的主语倾向性相符的长距离回指加工优势;当"自己"

回指加工进入完全语境信息整合（刺激 160 毫秒后）阶段后，长距离回指加工的优势消失，即此阶段的"自己"回指加工不再受主语倾向性的影响，"自己"的指称情况直接由语境决定；主语倾向性在"自己"回指加工中的影响以及影响的消退可能与人类认知加工进程的特点相关。

本书的行为学和 ERP 研究的结果并不能对阻隔效应做出解释，因为无论是行为学还是 ERP 实验语句中的主句主语还是分句主语均为第三人称名词（如"老师""医生"），人称特征一致。用句子分析的方法不难发现，在有语境条件下，"自己"的指称由语境直接决定，而由人称特征不一致造成的阻隔效应不再起作用。例如，将本书例句[1.3]和[1.4]中的局部主语"Bill"换成第一人称代词"我"或第二人称代词"你"，得到例句：

[5.1] 我/你总是批评 John，John$_j$ 不喜欢我/你$_i$ 批评 ziji$_j$。（长距离回指）

[5.2] 我/你总是自我批评，John$_i$ 不喜欢我/你$_j$ 批评 ziji$_i$。（短距离回指）

在以上例句中，长距离的第三人称主语"John"并没有被短距离的第一/第二人称主语阻断，而"自己"的所指由语境直接决定。但是，在"自己"回指的认知神经加工中，阻隔效应是否像主语倾向效应一样，在加工的初期起作用，这一作用又在什么时间消解？这是下一步要着重研究的问题。

5.5　A 原则与反身代词加工的关系

关于回指最著名的（生成）理论之一就是乔姆斯基（1981，1986）的管辖约束理论（Callahan，2008），其通过句法结构分布上的限制来规定不同名词性指称（回指）语的受约束情况。管辖约束理论（Norm Chomsky，1981，1986）的 A 原则规定，反身代词只能回指局部句法域中的短距离（局部）先行语。然而，汉语反身代词"自己"却违反 A 原则的规定，既可以回指短距离先行语也可以回指长距离先行语，其指称情况往往由语境直接决定。那么 A 原则与（汉语）反身代词的神经加工有着怎样的关系？A 原则是不是约束回指加工的普遍语法（规则）？还是它仅对部分语言中的反身代词的回指有约束作用？本书的此章节将结合本行为学和 ERP 研究的结果以及其他关于回指的生理心理学研究的结果来讨论这些问题。

首先,关于生理心理学研究证明,英语反身代词的加工遵循 A 原则的规定,受局部(短距离)约束。例如,Nicol(1993)对英语反身代词的加工进行了(行为学)启动实验研究,实验中让被试阅读反身代词回指句(如例句[5.3])和普通代词回指句(如例句[5.4]),在反身代词 himself 或普通代词的后面立即呈现与局部先行词(从句主语)语义相关的目标词,任务是词汇(颜色或字体)选择。结果发现局部先行词(从句主语)仅对反身代词有启动效应,而对相同位置上的普通代词没有启动效应,证明了英语反身代词受局部约束。

[5.3] The boxer said that the skier in the hospital had blamed himself for the injury.

[5.4] The boxer said that the skier in the hospital had blamed him for the injury.

关于汉语反身代词"自己"回指加工的生理心理学研究(包括本书的实证研究)证明,尽管"自己"能够违反 A 原则进行长距离回指,但是"自己"回指的加工不能(完全)脱离 A 原则的限制。例如,高立群等(2005)和刘兆静(2009)对无语境条件下的"自己"回指加工进行的行为学研究显示,当启动词"自己"与目标词的刺激间隔时间(ISI)为 0 毫秒时,给与短距离先行词语义相关的词汇命名比给与长距离先行词相关的词汇命名反应时更短,表明"自己"回指在其加工的早期阶段,在句法层面上,有受局部约束的倾向。当 ISI = 160 毫秒时,给与长距离先行词语义相关的词汇命名反应时更短,表明在这一加工阶段,"自己"倾向于受长距离约束。当 ISI = 370 毫秒时,给中性词命名的反应时明显短于给长距离和短距离先行词相关的词汇命名,而后两者之间无显著性区别,表明在这一阶段,长距离和短距离先行词都是通过(词汇)语义的激活来启动相关目标词的,"自己"回指加工在此阶段已经进入语义整合的阶段,而句法分析已经结束。这组行为学实验表明,在无语境条件下,"自己"回指倾向于首先受句法因素影响,表现出与 A 原则相符的局部约束倾向。Li & Zhou(2010)对无语境条件下的"自己"回指加工进行的 ERP 研究显示,相对于短距离回指情况,"自己"在长距离回指情况下诱发了更大的 P300 和 P600 波幅,说明尽管"自己"能够违反 A 原则回指局部句法域外的长距离先行词,但是长距离回指会耗费更多的大脑加工资源。以上研究的结果显示了在无语境条件下,"自己"回指加工表现出与 A 原则相符的局部约束倾向。

本书的研究探测了语境影响(操纵)下的"自己"回指加工。本书的行为学研究表明,管约理论 A 原则的句法约束在语境操纵下"自己"回指加工的后期起主导作用。行为学实验 3 发现了目标词类型主效应(S 目标词比 L 目标词反应时更短,即对 S 目标词的启动效应)表现出与 A 原则相符的局部约束倾向。这样的结果表明,管约理论 A 原则的句法约束在语境影响下"自己"回指加工多因素综合整合阶段(刺激 370 毫秒后)起主导作用。本书的 ERP 研究也表明 A 原则对"自己"回指加工有制约作用:第一,N170 效应说明,对于汉语母语者来说,与 A 原则相符的局部"自己"回指相比长距离"自己"回指是一种专家化的(熟悉的)语言现象;第二,在 N170 和 P600 效应中,短距离语境和歧义回指条件诱发的波幅差异并不显著,说明在无语境条件下,"自己"回指倾向于直接被加工为与 A 原则相符的短距离回指;第三,P300 和 P600 效应说明违反 A 原则的长距离回指会耗费更多的大脑加工资源,进行诊断(探测)——再分析(句法复审)加工。

根据以上关于英语和汉语反身代词回指加工的生理心理学研究,可以得出如下结论:管辖约束理论 A 原则(Norm Chomsky,1981,1986)不仅规定了英语反身代词受局部约束的情况,也对汉语反身代词"自己"的神经加工起潜在的制约作用;尽管在某些因素(如语境)的影响下,"自己"能够违反 A 原则进行长距离回指,但是解决句法违反的过程会耗费更多的大脑加工资源。

5.6 句子的平行加工模型和序列加工模型

关于句子理解过程中不同信息是平行加工还是序列加工的问题,心理语言学家一直存在争论。平行加工模型理论认为各种信息一旦被获取就立即作用于句子加工(Marwlen-Wilson,1975);而序列加工模型理论认为在句法结构的构建结束之后其他信息才被用来对句法分析做出评价(Frazier & Rayner,1982)。

高立群等(2005)和刘兆静(2009)对无语境条件下的"自己"回指加工进行了行为学研究。结果显示,当启动词"自己"与目标词的刺激间隔时间(ISI)为 0 毫秒时,给与短距离先行词语义相关的词汇命名比给与长距离先行词相关的词汇命名反应时更短,表明"自己"回指在其加工的早期阶段,在句法层面上,具有局部约束倾向。基于这样的结果,高立群等(2005)进一步推论,长距离"自己"回指可能是由句法以外的(如语境或语义)因素决定的,而这些因素可能在回指加工的后期才起作用。高立群等（2005）的推论在某种程度上支持序列加工模型理论的假设。

本书的行为学和 ERP 研究的结果支持平行加工模型的理论假设，推翻了高立群等（2005）的假设。行为学实验 1 证明，语境信息在"自己"回指加工的初期阶段便开始起作用，而行为学实验 3 的结果表明直到"自己"回指加工的后期句法整合才能完成。本 ERP 研究的结果与行为学研究的结果相符。N170 效应表明，在刺激后 170 毫秒左右，语境信息已经开始影响"自己"回指加工；而 P600 效应表明，直到刺激后约 600 毫秒左右句法整合还在进行。本书的行为学和 ERP 研究的结果表明，语境信息一旦被获取便立即影响句子加工，而句法整合直到句子加工的后期才能完成。这样的结果在某种程度上支持平行加工模型的理论假设，而与序列加工模型的假设不符。Van Berkum 等（2007）在其研究中发现，动词的隐含意义一旦被获取便立即影响回指加工，支持了由本书的实证研究得出的结论。Van Berkum 等（2007）对谓语动词含有隐含意义的回指句加工进行了 ERP 研究，结果发现，当回指语出现的位置与动词隐含意义所指示的位置不相符时（如例句"Linda apologized to David because he according to the witnesses was not the one to blame"），回指语（如例句中的代词"he"）会诱发 P600 效应，而当回指语出现的位置与动词隐含意义所指示的位置相符时（如例句"David apologized to Linda because he according to the witnesses was the one to blame"），则不诱发 P600 效应。这样的结果说明，动词的隐含意义在读者读到动词时就即时影响回指加工。

5.7 回指的距离效应/回指的结构化加工

已有的行为学（Clark & Sengul，1979）和 ERP 研究（Streb，Hennighausen & Rosler，2004）都表明，回指语和先行语之间的距离影响回指关系加工的速度和难度。在行为学研究中，Clark & Sengul（1979）发现，回指语和先行语之间距离越短，回指关系的加工越快。在 Streb 等（2004）的 ERP 研究中，在先行词（专有名词）和回指语（代词）之间插入不同数量的词来操纵二者之间的距离，结果发现，回指语和先行语之间距离长的回指句比距离短的回指语诱发了更大的 N400。研究者认为 N400 效应反映了回指语和先行语建立同指关系时的语义整合加工所造成的工作记忆负荷。这样的效应被称作回指的距离效应。

距离效应（回指语和先行语之间距离越短，建立指称关系越快）是在回指加工的研究中常见的一个效应。然而,有些研究者认为距离效应不是神经加工过程的真实表现,只是一个假象。Li & Zhou(2010)认为,这些与回指加工的资源耗费有关的效应(距离效应)绝不仅仅是与先行语和回指语之间的距离相关,而是与句法结构或管约理论 A 原则相关。

本书实证研究的结果支持了 Li & Zhou(2010)的观点。第一,本 ERP 研究发现的 N170 效应与距离效应不符。根据距离效应,相比短距离回指,长距离回指应该诱发更大的 ERP 波幅,而相反的,在本 ERP 研究中,长距离回指比短距离回指诱发了更小的 N170 波幅。而且,基于与字词加工相关的 N170 效应反映字词的整体加工(Simon, Petit, Bemard & Rebai, 2007)的观点,本研究推测,与回指加工相关的 N170 效应可能反映了回指结构的整体加工,而专家化(局部)回指结构相对于长距离回指结构在回指加工中应该是优先处理的结构。这支持了 Li & Zhou(2010)的与回指加工的资源耗费有关的效应(距离效应)与句法结构相关的观点。

第二,本 ERP 研究的 P300 和 P600 效应也支持 Li & Zhou(2010)关于距离效应的观点。本 P300 - P600 效应可以用"诊断——再分析"模式(Friederici et al., 2001)来解释:P300 效应可能反映了对于基于 A 原则建立的短距离回指心理表征和根据长距离语境所建立的长距离心理表征之间不相符的探测或诊断;P600 效应可能与为了修复不相符心理表征而引起的句法复审(再分析)过程相关。本 P300 - P600 效应模式说明,尽管加工长距离"自己"回指比加工短距离回指耗费更多的资源(反映为更大的 P300 和 P600 波幅),但是加工资源的耗费不仅仅与"自己"和其先行语之间的距离相关,而且还与基于 A 原则所建立的专家化"自己"回指的心理表征(包括对与专家化表征不符的探测和对这种不符的句法修复)相关。

由此得出结论:尽管加工长距离回指比加工短距离回指耗费更多的资源(反映为更长的反应时或更大的 ERP 波幅),但是加工资源的耗费不仅仅与回指语和其先行语之间的距离相关,而且还与句法结构或 A 原则相关。这样的结论支持了 Li & Zhou(2010)关于距离效应的观点。

5.8 本章小结

本章的开始简要总结了本书关于语境操纵下"自己"回指加工的行为学和 ERP 研究的结果,基于这些结果总结了语境操纵下"自己"回指加工的三阶段时间进程：①初期加工阶段，不充分语境信息整合；②刺激 160 毫秒后，充分语境信息整合，大脑已经区分专家化（短距离）和非专家化（长距离）"自己"回指；③刺激 300 毫秒后，（管约理论 A 原则）句法约束主导的多因素综合整合，违反 A 原则的长距离"自己"回指引发"诊断（探测）——重分析（句法复审）"过程。这样的时间加工进程与人类认知加工的进程相符。

　　本书关于"自己"回指神经认知研究的结果，对解决相关语言学理论问题或理论争论有很好的启发作用。关于"自己"（长距离）回指的决定因素问题，本书研究的结果一方面支持（多因素）综合解释模式的观点，另一方面又证实句法因素在"自己"回指加工中起主导作用，在一定程度上支持句法决定论的观点。基于实证数据，本研究认为语境影响下的"自己"回指加工遵循"多因素参与、句法主导"的模式。关于"自己"回指的主语倾向性和阻隔效应问题，本研究发现二者大都发生在无语境的回指句中，对二者的研究也都是在无语境的条件下进行的。本书研究的结果表明，在语境影响下，"自己"回指加工的初期表现出与主语倾向性相符的长距离回指加工优势，当"自己"回指加工进入完全语境信息整合（刺激 160 毫秒后）阶段，"自己"的指称情况直接由语境决定，两种效应都不再起作用。关于反身代词加工与管约理论 A 原则的关系问题，本研究以及相关的研究表明，A 原则不仅规定了英语反身代词受局部约束的情况，也对汉语反身代词"自己"回指加工起潜在的制约作用。尽管在某些因素（如语境）的影响下，"自己"能够违反 A 原则进行长距离回指，但是解决句法违反的过程会耗费大脑加工资源。关于在句子理解过程中不同信息是平行加工还是序列加工的问题，本书研究的结果表明，语境信息一旦被获取便立即影响句子加工，而句法整合直到句子加工的后期才能完成，在某种程度上支持平行加工模型的理论假设，而与序列加工模型的假设不符。关于回指加工中距离效应的实质问题，本书的研究表明尽管长距离回指加工比短距离回指加工耗费更多的大脑资源，但是加工资源的耗费不仅仅与回指语和其先行词之间的距离相关，而且还与句法结构或 A 原则相关。

第6章
总 结

管辖约束理论 A 原则（Norm Chomsky，1981，1986）规定，反身代词只能在局部句法域内回指局部（短距离）先行语。然而，汉语（简单）反身代词"自己"却违反 A 原则的规定，既可以回指短距离先行语也可以回指长距离先行语，其指称情况往往由语境直接决定。就什么因素决定"自己"（长距离）回指这一问题，一直存在理论争论，由于"自己"回指的神经加工过程尚不清楚，众多理论假设仍缺少生理心理学证据的检验。到目前为止，关于"自己"回指的生理心理学研究尚非常少，而且研究的都是无语境条件下的"自己"回指，语境对于"自己"回指加工的影响尚不明确，因此，本书用行为学语义启动技术和 ERP 技术探究了语境如何影响"自己"回指加工。本章将对本书的研究做一个总结，包括主要发现和下一步的研究。

6.1 主要发现和结论

首先，本书的行为学和 ERP 研究揭示了语境影响下"自己"回指加工在不同阶段的特征、时间进程和神经机制。

本书的行为学研究通过语义启动技术探测了语境影响下"自己"回指加工在不同阶段的特征。行为学实验 1 证明，语境信息在"自己"回指的初期加工阶段便开始起作用，但是在初期认知加工阶段，语境信息的加工仍然不充分/不平衡，表现出长距离回指（加工）的优势。行为学实验 2 表明，在刺激 160 毫秒后的加工阶段，语境影响下的"自己"回指加工进入充分语境信息的整合阶段。行为学实验 3 表明，在刺激 370 毫秒后的加工阶段，语境影响下的"自己"回指加工进入多因素（至少包含语境因素和句法因素）综合整合的阶段，而（管约理论 A 原则的)句法约束在这一阶段起主导作用。

　　本书的 ERP 研究记录和分析了在不同语境条件下(长距离语境、短距离语境、无语境条件下的歧义回指)加工"自己"回指的脑电数据,结果发现,在长距离回指条件下比在短距离回指条件下诱发了更小的 N170 波幅、更大的 P300 波幅和更大的 P600 波幅,说明语境通过知觉专家化机制、注意加工机制和句法加工机制影响"自己"回指加工。N170 效应表明,对于汉语母语者来说,局部(短距离)"自己"回指相对于长距离回指来说是一种专家化的(熟悉的)语言现象。从而推论,局部"自己"回指的心理表征是汉语母语者为了专家化阅读而在大脑中发展的关于"自己"回指的专家化心理表征。P300 效应表明,加工非专家化的(长距离)"自己"回指比加工专家化的短距离"自己"回指调配更多的注意资源,而这个 P300 效应可以被解释为反映了对于基于 A 原则所建立的专家化(短距离)回指心理表征和根据长距离语境所建立的长距离回指心理表征之间不相符的探测或诊断。P600 效应可能与连接反身代词"自己"与违反 A 原则的长距离先行词的句法复审过程相关。

　　基于本书研究的结果,语境操纵下"自己"回指加工的过程被总结为三阶段时间进程:①初期加工阶段,不充分语境信息整合;②刺激 160 毫秒后,充分语境信息整合阶段,在此阶段,大脑已经区分专家化(短距离)和非专家化(长距离)"自己"回指;③刺激 300 毫秒后,(管约理论 A 原则)句法约束主导的多因素综合整合阶段,违反 A 原则的长距离"自己"回指引发"诊断(探测)——重分析(句法复审)"过程。这样的时间加工进程与人类认知加工的进程相符。

　　本书的行为学和 ERP 研究表明,多种因素参与"自己"回指的神经加工过程,而(管约理论 A 原则)句法因素在此过程中起主导作用。本书关于"自己"回指神经认知研究的结果,对解决相关语言学理论问题或理论争论有很好的启发作用。关于"自己"(长距离)回指的决定因素问题,本书研究的结果一方面支持(多因素)综合解释模式的观点,另一方面又证实句法因素在"自己"回指加工中起主导作用,在一定程度上支持句法决定论的观点。基于实证数据,本研究认为语境影响下的"自己"回指加工遵循"多因素参与、句法主导"的模式。关于"自己"回指的主语倾向性和阻隔效应问题,本研究发现二者大都发生在无语境的回指句中,对二者的研究也都是在无语境的条件下进行的。本书研究的结果表明,在语境影响下,"自己"回指加工的初期表现出与主语倾向性相符的长距离回指加工优势,当"自己"回指加工进入完全语境信息整合(刺激 160 毫秒后)阶段,"自己"的指称情况直接由语境决定,两种效应都不再起作用。关于反身代词加工与管约理论 A 原则的关系问题,本研究以及相关的研究表明,A 原则不仅规定了英语反身代词受局部约束的情况,也对汉语反身代词"自己"回指加工起潜在的制约作用。尽管在某些因素(如语境)的影响下,"自己"能够违反 A 原则进行长距离回指,但是解决句法违反的过程会耗费大脑加工资源。关于句子理解过程中不同信息是平行加工还是序列加工的问题,本书研究的结果表明,语境信息一旦被获取便立即影响句子加工,而句法整合直到句子加工的后期才能完成,在某种程度上支持平行加工模型的理论假设,而与序列加工模型的假设不符。关于回指加工中距离效应的实质问题,本书的研究表明尽管长距离回指加工比短距离回指加工耗费更多的脑资源,但是加工资源的耗费不仅仅与回指语和其先行语之间的距离相关,而且还与句法结构或 A 原则相关。

6.2　不足和下一步的研究

首先,同关于回指的其他生理心理学研究一样,本书对于"自己"回指的研究集中在视觉加工方面,并没有关注听觉模态的加工。然而,在人类日常交际中,听觉语言提供了大量信息,起着重要作用,对听觉模态回指加工的研究也具有重要意义。这应该是下一步研究的重点。

第二,本书的行为学研究探测了"自己"回指加工初期、启动词呈现 160 毫秒后和呈现 370 毫秒后加工阶段的特征。在下一步的研究中,考查其他加工阶段的特征也同样具有意义。

第三,本书的 ERP 研究通过设置(与考查对象无关的)内隐实验任务,探测了语境影响下"自己"回指的自动加工,下一步还应该探究外显任务下"自己"回指的主动加工。

第四,本书的行为学和 ERP 研究的被试均为汉语母语者,笔者下一步打算招募以英语等印欧语言为母语的具有熟练水平的汉语学习者为被试,探究汉语母语者和汉语学习者在回指加工中表现出的差异。

6.3　结　尾

本书的行为学和 ERP 研究有效探测了语境影响下"自己"回指加工在不同阶段的特征、时间进程和神经机制,对相关的语言学理论问题和争论有很好的启发作用。本研究证实,通过有效设计,生理心理学研究方法,如行为学和 ERP 技术,能够成为"自己"回指加工的理想在线探测工具,验证相关理论假设,解决理论问题。在本书的研究中,行为学语义启动范式在探测句子加工某阶段的结果方面展现了优势,而 ERP 技术在连续、即时地在线记录神经过程方面具有优势。两种研究的数据相互比对和印证,保证了整体研究的科学客观性。

参考文献

ALMOR A. Noun-phrase anaphora and focus: The informational load hypothesis [J]. Psychological Review, 1998,106: 748 - 765.

ANDERSON J E, HOLCOMB P J. An electrophysiological investigation of the effects of coreference on word repetition and synonymy [J]. Brain and Language, 2005,94: 200 - 216.

ARIEL M. Referring and accessibility [J]. Journal of Linguistics, 1988,24: 65 - 87.

ARIEL M. Accessing noun-phrase antecedent [M]. London: Routledge, 1990.

ARIEL M. Interpreting anaphoric expressions: A cognitive versus a pragmatic approach [J]. Journal of Linguistics, 1994,30: 3 - 42.

BAKER C L. Contrast, discourse prominence, and intensification, with special reference to locally free reflexives in British English [J]. Language, 1995,71(1): 63 - 101.

BARRETT S E, RUGG M D, PERRETT D I. Event-related potentials and the matching of familiar and unfamiliar faces [J]. Neuropsychologia, 1988,26 (1): 105 - 117.

BENTIN S, ALLISON T, PUCE A, et al. Electrophysiological studies of face perception in humans [J]. Journal of Cognitive Neuroscience, 1996,8: 551 - 565.

BENTIN S, MOUCHETANT-ROSTAING Y, GIARD M, et al. ERP manifestations of processing printed words at different psycholinguistic levels: time course and scalp distribution [J]. Journal of Cognitive

Neuroscience, 1999,11: 235 - 260.

BENTIN S, MC CARTHY G, WOOD C C. Event-related potentials, lexical decision and semantic priming [J]. Electroencephalography and Clinical Neurophysiology, 1985,60(4): 343 - 355.

BROWN C, HAGOORT P. The processing nature of the N400: Evidence from masked priming [J]. Journal of Cognitive Neuroscience, 1993, 5 (1): 34 - 44.

BURKHARDT P. Inferential bridging relations reveal distinct neural mechanisms: Evidence from event-related brain potentials [J]. Brain and Language, 2006,98: 159 - 168.

CARTER D. Interpreting Anaphora in Natural Language Texts [M]. Chichester: Ellis Horwood, 1987.

CALLAHAN S M. Processing anaphoric constructions: Insights from electrophysiological studies [J]. Journal of Neurolinguistics, 2008, 21: 231 - 266.

CHEN P. The reflexive ziji in Chinese: Funtional vs. formalist approaches [M]// LEE T H. Research in Chinese linguistics in Hong Kong. Hong Kong: The Linguistic Society of Hong Kong, 1992: 1 - 36.

CHENG G. Variants and invariants in language [D]. Shanghai: Fudan University, 1995.

CHOMSKY N. Lectures on Government and Binding [M]. Dordrecht, the Netherlands: Foris Publishers, 1981.

CHOMSKY N. Barriers [M]. Cambridge: MIT Press, 1986.

CHOMSKY N. The Minimalist Program [M]. Cambridge: MIT Press, 1995.

CLARK H H, SENGUL C J. In search of referents for nouns and pronouns [J]. Memory and Cognition, 1979,7: 35 - 41.

CLEMENTS G N. The logophoric pronoun in Ewe: Its role in discourse [J]. Journal of West African Languages, 1975,10: 141 - 177.

COLES M G H, GRATTON G, FABIANI M. Event-related brain potentials [M]// CACIOPPO J T, TASSINARY L G. Principles of Psychophysiology: Physical, Social, and Inferential Elements. New York: Cambridge University Press, 1990: 413 - 455.

COLE E, WANG C C. Antecedents and blockers of long-distance reflexives:

The case of Chinese ziji [J]. Linguistic Inquiry, 1996,27: 357 - 390.

CORBETT A T, CHANG F R. Pronoun disambiguation: Accessing potential antecedents [J]. Memory and Cognition, 1983,11: 283 - 294.

COULSON S, KING J W, KUTAS M. Expect the unexpected: Event-related brain response to morphosyntactic violations [J]. Language and Cognitive Processes, 1998,13(1),21 - 58.

COMERCHERO M D, POLICH J. P3a, perceptual distinctiveness, and stimulus modality [J]. Cognitive Brain Research, 1998,7: 41 - 48.

COMERCHERO M D, POLICH J. P3a and P3b from typical auditory and visual stimuli [J]. Clinical Neurophysiology, 1999,110(1): 24 - 30.

CRYSTAL D. A Dictionary of Linguistics and Phonology [M]. 2nd ed. Oxford: Blackwell, 1997.

DILLON B, CHOW W Y, GUO T, et al. The structure sensitivity of memory access: Evidence from mandarin Chinese [J]. Frontiers in Psychology, 2014,5: 1 - 16.

DONCHIN E, COLES M. Is the P300 component a manifestation of context updating? [J]. Behavioral and Brain Sciences, 1998,11: 357 - 374.

DWIVEDI V D, PHILLIPS N A, LAGNE-BEAUVAIS M, et al. An electrophysiological study of mood, modal context, and anaphora [J]. Brain Research, 2006,1117: 135 - 153.

EGGINS S. An Introduction to Systemic Functional Linguistics [M]. London: Pinter, 1994.

FAMRER A K, HANRISH R M. Communicative reference with pronouns [M].// VERSCHUEREN J, BERTCUCCELLI-PAPI M. The Pragmatic Perspective. Amsterdam: Benjamins, 1987: 547 - 565.

FIRTH J R. Papers in Linguistics [M]. London: Oxford University Press, 1957.

FRANK A, KAMP H. On context dependence in modal constructions: Proceedings of SALT, March 21 - 23,1997 [C]. Stanford (CLC Publications and Cornell University), 2007.

FRAZIER L, RAYNER K. Making and correcting errors during sentence comprehension: Eye movements in the analysis of structurally ambiguous sentence [J]. Cognitive Psychology, 1982,14: 178 - 210.

FRIEDERICI A D, HAHNE A, SADDY D. Distinct neurophysiological patterns reflecting aspects of syntactic complexity and syntactic repair [J]. Journal of Psycholinguistic Research, 2002,31(1): 45-63.

FRIEDERICI A D, STEINHAUER K, MECKLINGER A, et al. Working memory constraints on syntactic ambiguity resolution as revealed by electrical brain responses [J]. Biological Psychology, 1998,47: 193-221.

FRIEDERICI A D, MECKLINGER A. Syntactic parsing as revealed by brain responses: First-pass and second-pass parsing processes [J]. Journal of Psycholinguistic Research, 1996,25(1): 157-176.

FRIEDERICI A D, MECKLINGER A, SPENCER K M. Syntactic parsing preferences and their on-line revisions: A spatio-temporal analysis of event-related brain potentials [J]. Cognitive Brain Research, 2001, 11: 305-323.

GARROD S C, Sanford A J. Resolving sentences in discourse context: How discourse representation affects language understanding [M].// GERNSBACHER M A. Handbook of Psycholinguistics. New York: Academic Press, 1994: 675-698.

GERNSBACHER M, HARGREAVES D. Accessing sentence participants: the advantage of first mention [J]. Journal of Memory and Language, 1988,27: 699-717.

GIORGI A. From temporal anchoring to long distance anaphors [J]. Natural Language & Linguistic Theory, 2006,24(4): 1009-1047.

GIORGI A, On the nature of long-distance anaphors [J]. Linguistic Inquiry, 2007,38(2): 321-342.

GIORGI A, PIANESI F. Tense and aspect: From semantics to morphosyntax [M]. New York: Oxford University Press, 1997.

GIORGI A, PIANESI F. Tense, attitudes and subjects [C].// HASTINGS R, JACKSON B, ZVOLENSZKY Z. Proceedings of SALT XI, Ithaca: CLC Publications, 2001.

GIORGI A, PIANESI F. The temporal perspective of the speaker and the subject: From semantics to morphosyntax [M].// GUERON, LECARME J. The Syntax of Time. Cambridge: MIT Press, 2004a: 129-152.

GIORGI A, PIANESI F. Complementizer deletion in Italian [M].// RIZZI L.

The Structure of CP and IP. New York: Oxford University Press, 2004b: 190 – 210.

GIVON T. Topic Continuity in Discourse [M]. Amsterdam: John Benjamins, 1983,343 – 364.

GRICE P. Logic and conversation [M].// COLE P, MORGAN J. Syntax and Semantics 3: Speech Arts. New York: Academic Press, 1975,41 – 58.

GORDON P C, HENDRICK R. The representation and processing of co-reference in discourse [J]. Cognitive Science, 1998,22: 389 – 424.

HALLIDAY M A K, HASAN R. Cohesion in English [M]. London: Longman, 1976.

HALLIDAY M A K. An Introduction to Functional Grammar [M]. 2nd ed. London: Edward Arnold, 1994.

HARRIS T, WEXLER K, HOLCOMB P. An ERP investigation of binding and coreference [J]. Brain and Language, 2000,75: 313 – 346.

HAIMAN J, THOMPSON S A. Clause Combination in Grammar and Discourse [M]. Amsterdam: John Benjamins, 1988.

HAGOORT P, BROWN C, GROOTHUSEN J. The syntactic positive shift (SPS) as an ERP measure of syntactic processing [J]. Language and Cognitive Processes, 1993,8(4): 439 – 483.

HAGOORT P. How the brain solves the binding problem for language: a neurocomputational model of syntactic processing [J]. NeuroImage, 2003, 20: 18 – 29.

HAGOORT P. Interplay between syntax and semantics during sentence comprehension: ERP effects of combining syntactic and semantic violations [J]. Journal of Cognitive Neuroscience, 2003,15(6): 883 – 899.

HAMMER A, JANSMA B M, LAMER M, et al. Pronominal reference in sentences about person and things: An electrophysiological approach [J]. Journal of Cognitive Neuroscience, 2005,17(2): 227 – 239.

HAMMER A, JANSMA B M, LAMER M, et al. Interplay of meaning, syntax and working memory during pronoun resolution investigated by ERPs [J]. Brain Research. 2008,16: 177 – 191.

HAMMER A, JANSMA B M, TEMPELMANN C, et al. Neural mechanisms of anaphoric reference revealed by fMRI [J]. Frontiers in Psychology,

2011,2.

HASAN R. Text in the systemic-functional model [M].// DRESSLER W U. Current Trends in Text Linguistics, Berlin/New York: Walter de Gruyter, 1978: 228 - 246.

HEINE A, TAMM S, HOFMANN M, et al. Does the frequency of the antecedent noun affect the resolution of pronominal anaphors? An ERP study [J]. Neuroscience Letters, 2006,400: 7 - 12.

HELLAN L. Anaphora in Norwegian and the Theory of Grammar [M]. Dordrecht: Foris Publications, 1988.

HELLAN L. Containment and connectedness anaphors [M].// KOSTER J, REULAND E. Long-distance Anaphora, Cambridge: Cambridge University Press, 1991: 27 - 48.

HOLCOMB P J, NEVILLE H J. Auditory and visual semantic priming in lexical decision: A comparison using event-related brain potentials [J]. Language and Cognitive Processes, 1990,5(4).

HOLCOMB P J, NEVILLE H J. Natural speech processing: An analysis using event-related brain potentials [J]. Psychobiology, 1991,19(4): 286 - 300.

HOLCOMB P J, MCPHERSON W B. Event-related brain potentials reflect semantic priming in an object decision task. Brain and Cognition, 1994,24 (2): 259 - 276.

HUANG Y. Reflexives in Chinese [J]. Studies in English Literature and Linguistics, 1984,10: 163 - 188.

HUANG Y. A neo-Gricean Pragmatic theory of anaphora [J]. Journal of Linguistics, 1991,27: 301 - 335.

HUANG Y. The Syntax and Pragmatics of Anaphora: A Study with Special Reference to Chinese [M]. New York: Cambridge University Press, 1994.

HUANG C_T J. Logical relations in Chinese and the theory of grammar [D]. Cambridge, MA: Massachusetts Institute of Technology, 1982.

HUANG C_T J, Tang C_C J. The local nature of long-distance reflexive in Chinese [M].// KOSTER J, REULAND E. Long distance Anaphora. Cambridge: Cambridge University Press, 1991.

HUANG C_T J, HUANG Y_H, TENG T_H. Reflexives in Chinese and the teaching of Chinese [C]. Proceedings of the First World Conference on

Chinese Language, 1984: 205 – 215.

HUANG C_T J, LIU C_S U. Logophoricity, Attitudes, and ziji at the interface [M]// COLE P C_T, HUANG J, HERMON G. Long-distance Reflexives, Vol. 33 of Syntax and Semantics. New York: Academic Press, 2001: 141 – 195.

IIDA M. Context and Binding in Japanese [D]. Stanford, CA: Stanford University, 1992.

JIANG X, ZHOU X. Processing different levels of syntactic hierarchy: An ERP study on Chinese [J]. Neuropsychologia, 2009,47: 1282 – 1293.

KAAN E, HARRIS A, GIBSON E, et al. The P600 as an index of syntactic integration difficulty [J]. Language and Cognitive Processes, 2000,15(2): 159 – 201.

KIM A, SIKOS L. Conflict and surrender during sentence processing: An ERP study of syntax-semantics interaction [J]. Brain and Language, 2011,118 (1 – 2): 15 – 22.

KOSTER J, REULAND E. Long Distance Anaphora [M]. Cambridge: Cambridge University Press, 1991.

KOORNNEEF A W. Eye-Catching Anaphora [EB/OL]. (2013 – 12 – 12) [2008 – 08 – 27].//http://igitur-archive. library. uu. nl/dissertations/2008-0827-200436/UUindex. html

KRAHMER E, PIWEK P. Varieties of anaphora: Introduction [C].// KRAHMER E, PIWEK P. Varieties of Anaphora: Proceedings of Reader ESSLLI 2000, Birmingham, 2000.

KRAHMER E, VAN DEEMER K. On the interpretation of anaphoric noun phrases: Towards a full understanding of partial matches [J]. Journal of Semantics, 1998,15(3 – 4): 355 – 392.

KUTAS M, HILLYARD S A. Reading senseless sentences: Brain potentials reflect semantic incongruency [J]. Science, 1980,207: 203 – 205.

KUTAS M, HILLYARD S A. Brain potentials during reading reflect word expectancy and semantic association [J]. Nature, 1984,307: 161 – 163.

KUTAS M, VAN PETTEN C. Event-related brain potential studies of language [M].// ACKLES P K, JENNINGS J R, COLES M G H. Advances in Psychophysiology, Greenwich, CT: JAI Press Inc, 1988,3: 139 – 187.

KUTAS M, FEDERMEIER K D. Electrophysiology reveals semantic memory use in language comprehension [J]. Trends in Cognitive Science, 2000,4 (12): 463 – 470.

KUNO S. Functional Syntax: Anaphora, Discourse, and Empathy [M]. Chicago: University of Chicago Press, 1987.

KUNO S. Pronominalization, reflexivization, and direct discourse [J]. Linguistic Inquiry, 1972,3: 161 – 195.

LAMB S M. Paths of the Brain: The Neurocognitive Basis of Language [M]. Amsterdam: John Benjamins, 1999.

LANGACKER R W. Pronominalization and the chain of command [M].// REIBEL D A, SCHANE S A. Modern Studies in English, Prentice-Hall: Englewood Cliffs, NJ, 1969: 160 – 186.

LANGACKER R W. Foundation of Cognitive Grammar 2: Descriptive Application [M] Stanford: Stanford University Press, 1991.

LARSON R, SEGAL G. Knowledge of meaning [M], Cambridge, MA: MIT Press, 1995.

LEBEAUX D. A distributional difference between reciprocals and reflexives [J]. Linguistic Inquiry, 1983,14: 723 – 730.

LEE R B, KLIMA E S. Rules for English Pronominalization [J]. Language, 1963,39: 17 – 28.

LEVINSON S C. Pragmatics and the grammar of anaphora: A partial pragmatic reduction of Binding and Control phenomenon [J]. Journal of Linguistics, 1987,23: 379 – 434.

LEVINSON S C. Pragmatic reduction of the Binding Conditions revisited [J]. Journal of Linguistics, 1991,27: 1,107 – 161.

LI N-C. Perspective-Taking in Mandarin Discourse [D]. Buffalo, N.Y.: State University of New York at Buffalo, 1991.

LI X Q, ZHOU X L. Who is ziji? ERP responses to the Chinese reflexive pronoun during sentence comprehension [J]. Brain research, 2010,1331: 96 – 104.

LIN J-W. Temporal reference in Mandarin Chinese [J]. Journal of East Asian Linguistics, 2003,12: 259 – 311.

LUCK S J. An Introduction to the Event-related Potential Technique [M]. Cambridge: Massachusetts, 2005.

MANZINI M R, WEXLER K. Parameters, binding theory, and learnability [J]. Linguistic Inquiry, 1987,18: 413 - 444.

MARWLEN-WILSON W. Sentence perception as an interactive parallel process [J]. Science, 1975,189: 226 - 228.

MARTIN J R. English Text: System and Structure [M]. Amsterdam and Philadelphia: Benjamins, 1992.

MATTHEWS P H. Concise Dictionary of Linguistics [M]. Oxford: Oxford University Press, 1997.

MAURER U, BREM S, BUCHER K, et al. Emerging neurophysiological specialization for letter strings [J]. Journal of Cognitive Neuroscience. 2005,17: 1532 - 1552.

MCCANDLISS B D, COHEN L, DEHAENE S. The visual word form area: Expertise for reading in the fusiform gyrus [J]. Trends in Cognitive Sciences, 2003,7: 293 - 299.

MCDONALD J L, MACWHINNEY B. The time course of anaphor resolution: effects of implicit verb causality and gender [J]. Journal of Memory and Language, 1995,34: 543 - 566.

MCKOON G, GREENE S B, RATCLIFF R. Discourse Models, Pronoun Resolution and the Implicit Causality of Verbs [J]. Journal of Experimental Psychology: Learning, Memory, and Cognition, 1993,19: 1040 - 1052.

MEYER D E, SCHVANEVELDT R W. Facilitation in recognizing pairs of words: Evidence of dependence between retrieval operations [J]. Journal of Experimental Psychology, 1971,90: 227 - 234.

MILLIS K K, JUST M A. The influence of connectives on sentence comprehension [J]. Journal of Memory and Language, 1994,33: 128 - 147.

MOHANAN K P. Grammatical relations and anaphora in Malayalam [J]. MIT Working Papers in Linguistics, 1982,5: 163 - 190.

MOLINARO N, KIM A, VERSPIGNANI F, JOB R [J]. Anaphoric agreement violation: an ERP analysis of its interpretation [J]. Cognition, 2008,106: 963 - 974.

MUNTE I F, HEINZE H J, MATZKE M, et al. Brain potentials and syntactic violations revisited: no evidence for specificity of the syntactic positive shift [J]. Neuropsychologia, 1998,36(3): 217 - 226.

NEELY J H. Semantic priming effects in visual word recognition: A selective review of current findings and theories [J]. Basic Processes in Reading, 1991,11: 264 - 336.

NICOL J L. Processing syntactic dependencies: task-specific effects [C]. Poster Presentation at the Sixth Annual CUNY Conference on Human Sentence Processing, 1993.

NICOL J L, PICKERING M J. Processing syntactically ambiguous sentences: evidence from semantic priming [J]. Journal of Psycholinguistic Research, 1993,22(2): 207 - 237.

NICOL J L, SWINNEY D. The role of structure in coreference assignment during sentence comprehension [J]. *Journal of Psycholinguistic Research*, 1989,18(1): 5 - 19.

NICOL J L, SWINNEY D. The Psycholinguistics of Anaphora [M].// ANDREW B. Anaphora: A Reference Guide, England: Blackwell Publishing Ltd, 2003: 72 - 104.

NIEUWLAND M S, VAN BERKUM J J A. Individual differences and contextual bias in pronoun resolution: Evidence from ERPs [J]. Brain Research, 2006,1118(1): 155 - 167.

NIEUWLAND M S, OTTEN M, VAN BERKUM J J A. Who are you talking about? Tracking discourse-level referential processing with event-related potentials [J]. Journal of Cognitive Neuroscience, 2007,19: 228 - 236.

NIEUWLAND M S, VAN BERKUM J J A. The interplay between semantic and referential aspects of anaphoric noun phrase resolution: Evidence from ERPs [J]. Brain and Language, 2008,106: 119 - 131.

OSTERHOUT L, MOBLEY L A. Event-related brain potentials elicited by failure to agree [J]. Journal of Memory and Language, 1995,34(6): 739 - 773.

OSTERHOUT L, BERSICK M, MCLAUGHLIN J. Brain potentials reflect violations of gender stereotypes [J]. Memory and Cognition, 1997,25(3): 273 - 285.

OSTERHOUT L. On the brain responses to syntactic anomalies: Manipulations of word position and word class reveal individual differences [J]. Brain and Language, 1997,59(3): 494 - 522.

OSTERHOUT L, HOLCOMB P J. Event-related brain potentials elicited by syntactic anomaly [J]. Journal of Memory and Language, 1992,31: 785 – 806.

OSTERHOUT L, HOLCOMB P J. Event-related potentials and syntactic anomaly: Evidence of anomaly detection during the perception of continuous speech [J]. Language and Cognitive Processes, 1993,8: 413 – 438.

PAN H H. Locality, Self_Ascription, Discourse Prominence, and Mandarin Reflexives [D]. Austin, TX: The University of Texas at Austin, 1995.

PAN H H. Constraints on Reflexivization in Mandarin Chinese [M]. New York: Garland Publishing, Inc, 1997.

PAN H H. Why the Blocking Effect [M]? // PETER C, HUANG C T J, GABRIELLE H. Long-distance Reflexives, Vol. 33 of Syntax and Semantics, New York: Academic Press, 2001: 279 – 316.

PARTEE B. Some structural analogies between tenses and pronouns in English [J]. The Journal of Philosophy, 1973,70: 601 – 609.

PICA P. Subject, tense and truth: Towards a modular approach to binding [J]. Foris, 1985.

PICA P. On the nature of reflexivization cycle [C]. Proceedings of the North Eastern Linguistics Society, 1987,17: 483 – 499.

POLICH J. Updating P300: An integrative theory of P3a and P3b [J]. Clinical Neurophysiology, 2007,118(10): 2128 – 2148.

POLICH J, DONCHIN E. The P300 and the word frequency effect [J]. Electroencephalography and Clinical Neurophysiology, 1998,70: 33 – 45.

POLLARD C J, SAG I A. Anaphors in English and the scope of binding theory [J]. Linguistic Inquiry, 1992,23: 261 – 303.

POLLARD C J, XUE P. Syntactic and non-syntactic constraints on long-distance binding [M].// PETER C, HUANG C T J, GABRIELLE H. Long-distance Reflexives, vol. 33 of Syntax and Semantics, New York: Academic Press, 2001: 317 – 342.

PROGOVAC L. Relativized subject, long-distance reflexives, and accessibility [D]. Bloomington: Indiana University, 1991.

PROGOVAC L. Relativized subject, Long-distance reflexives without movement [J]. Linguistic Inquiry, 1992,23: 671 – 680.

PROGOVAC L, FRANKS, S. Relativized subjects for reflexives [C]. Proceedings of the North Eastern Linguistics Societ, 1992,22: 349 – 363.

PULVERMULLER F, SHTYROV Y. Automatic processing of grammar in the human brain as revealed by the mismatch negativity [J]. Neuroimage, 2003,20(1): 159 - 172.

PULVERMULLER F, SHTYROV Y. Language outsides the focus of attention: The mismatch negativity as a tool for studying higher cognitive processes [J]. Progress in Neurobiology, 2006,79(1),49 - 71.

PYNTE J, COLONNA S. Decoupling syntactic parsing from visual inspection: The case of relative clause attachment in French [M]. // KENNEDY A, RADACH D, HELLER D, J. PYNTE J. Reading as a Perceptual Process, Oxford: Elsevier, 2000: 529 - 547.

RINCK M, BOWER G H. Anaphora Resolution and the Focus of Attention in Situation Models [J], Journal of Memory and Language, 1995,34: 110 - 131.

REINHART T. Anaphora [M]. // KEIL W. The MIT Encyclopedia of the Cognitive Sciences, Cambridge, MA: MIT Press, 1999: 20 - 22.

REINHART T, RRULAND E. Reflexivity [J]. *Linguistic Inquiry*, 1993,24 (4): 657 - 720.

REINHART T, RRULAND E. Anaphors and logophors: An argument structure perspective [M]. // KOSTER J, REULAND E. Long distance Anaphora. Cambridge: Cambridge University Press, 1991.

RUGG M D. The effects of semantic priming and word repetition on event-related potentials [J]. Psychophysiology, 1985,22(6): 642 - 647.

SCHMITT B M, LAMER M, MUNTE T F. Electrophysiological estimates of biological and syntactic gender violation during pronoun processing [J]. Cognitive Brain Research, 2002,14: 333 - 346.

SELLS P. Aspects of logophoricity [J]. Linguistic Inquiry, 1987, 18: 445 - 479.

SEMLITSCH H V, ANDERER P, SCHUSTER P, et al. A Solution for reliable and valid reduction of ocular artifacts applied to the P300 ERP [J]. Psychophysiology, 1986,23(6): 695 - 703.

SERENO S C, RAYNER K, POSNER M I. Establishing a time-line of word recognition: Evidence from eye movements and event-related potentials [J], Neuroreport, 1998,9(10): 2195 - 2200.

SIMON G, PETIT L, BEMARD C, et al. N170 ERPs could represent a logographic processing strategy in visual word recognition [J]. Behavioral and Brain Functions, 2007,3(1): 21.

STREB J, ROSLER F, HENNIGHAUSEN E. Event-related responses to pronoun and proper name anaphors in parallel and nonparallel discourse structures [J]. Brain and Language, 1999,70: 273 - 286.

STREB J, HENNIGHAUSEN E, ROSLER F. Different anaphoric expressions are investigated by event-related brain potentials [J]. Journal of Psycholinguistic Research, 2004,33(3): 175 - 201.

STRAYER D L, KRAMER A F. Attentional requirements of automatic and controlled processing [J]. Journal of Experimental Psychology: Learning, Memory, and Cognition, 1990,16: 67 - 82.

SWAAB T Y, CAMBLIN C C, GORDON P C. Electrophysiological evidence for reversed lexical repetition effects in language processing [J]. Journal of Cognitive Neuroscience, 2004,16(5): 715 - 726.

SWINNEY D A. Lexical access during sentence comprehension: (Re) consideration of context effects [J]. Journal of Verbal Learning and Verbal Behavior, 1979,15: 661 - 689.

TANAKA J W, CURRAN T. A neural basis for expert object recognition [J]. Psychological Science, 2001,12(1): 43 - 47.

TANENHAUS M, LEIMAN J, SEIDENBERG M. Evidence for multiple stages in the processing of ambiguous words in syntactic contexts [J]. Journal of Verbal Learning and Verbal Behavior, 1979,18: 427 - 441.

TANG C _ C J. Chinese reflexives [J]. Natural Language and Linguistic Theory, 1989,7: 93 - 121.

TANG C_C J. A Study of Reflexives in Chinese [D]. Taiwan: National Taiwan Normal University, 1985.

UNGERER F, SCHMID H J. An Introduction to Cognitive Linguistics [M]. Harlow: Longman, 1996.

VAN BERKUM J J A, KOORNNEEF A W, OTTEN M, et al. Establishing reference in language comprehension: An electrophysiological perspective [J]. Brain Research, 2007,1146: 158 - 171.

VAN DER SANDT R. Presupposition projection as anaphora resolution [J].

Journal of Semantics，1992，9：333 – 377.

VAN LEUSEN N. The role of inference in the Resolution of Corrections [C]，Saarbruchen：CLAUS-Report 93，1997.

VAN PETTEN C，KUTAS M. Influences of semantic and syntactic context on open-and closed-class words [J]. Memory and Cognition，1991，19：95 – 112.

VERLEGER R. Event-related potentials and cognition：A critique of the context updating hypothesis and an alternative interpretation of P3 [J]. Behavioral and Brain Sciences，1988，11(3)：343 – 356.

XUE P，Pollard C，SAG I. A new perspective on Chinese ziji [C]. Proceedings of the 13th West Coast Conference on Formal Linguistics，Chicago：The University of Chicago Press and CSLI Publication，1994，432 – 447.

XU L J. The long-distance binding of ziji [J]. Journal of Chinese Linguistics，1993，21：123 – 141.

XU L J. The antecedent of ziji [J]. Journal of Chinese Linguistics，1994，22：115 – 137.

YANG D W. The extended binding theory of anaphors [J]. Language Research，1983，19：169 – 192.

YE Z，ZHOU X. Involvement of cognitive control in sentence comprehension：Evidence from ERPs [J]. Brain Research，2008，1203：103 – 115.

YU W. Logophoricity in Chinese [C]. Paper presented at the 3rd North-American Conference on Chinese Linguistics，Cornell University，Ithaca，NY，1991.

ZRIBI-HERTZ A. Review of Y. Huang，The syntax and Pragmatics of anaphora：A study with special reference to Chinese [J]. *Lingua*，1995，96：179 – 211.

常欣.认知神经语言学视野下的句子理解[M].北京：科学出版社,2009.

许余龙.英汉指称词语表达的可及性[J].外语教学与研究,2000(5)：321 – 328.

许余龙.篇章回指的功能语用探索：一项基于汉语民间故事和报刊语料的研究[M].上海：上海外语教育出版社,2004.

高原.照应词的认知分析[M].北京：外语教学与研究出版,2003.

赵鸣,刘涛.语言回指加工的 ERP 研究述评[J].心理科学进展,2011,19：355 –

363.

程琪龙.概念框架和认知[M].上海：上海外语教育出版社,2006.

姜望琪.篇章与回指[J].外语学刊,2006：33-40.

胡壮麟.语言学教程[M].北京：北京大学出版社,2001.

胡壮麟,朱永生,张德禄,李战子.系统功能语言学概论(修订版)[M].北京：北京大学出版社,2008.

金忠镐.略谈动词对"自己"长距离约束的制约作用[J].汉语学习,2003(4).

赵仑.ERPs实验教程[M].南京：东南大学出版社,2010.

程工.汉语"自己"一词的代词性[J].现代外语,1994(3).

程工.生成语法对汉语"自己"一词的研究[J].当代语言学,1994(1).

高立群,刘兆静,黄月圆."自己"是谁？——对约束原则的实验研究[J].语言科学,2005,(2)：39-50.

胡建华.空指代的控制与"自己"的释义——论英、汉语之间的一些参数差异[J].现代外语,1995(4).

胡建华.约束、述谓与特征核查——最简方案框架内的反身代词化研究[J].外国语(上海外国语大学学报),1998(5).

胡建华.汉语长距离反身代词化的句法研究[J].当代语言学,1998(3)：33-40.

胡建华,潘海华.NP显著性的计算与汉语反身代词"自己"的指称[J].当代语言学,2002(1)：46-60.

刘道英.从管辖约束理论看汉语人称指涉关系[J].青海师范大学学报(哲学社会科学版),1999(3).

刘兆静.约束原则与汉语反身代词的习得研究[J].北京：北京语言大学,2009.

胡承校.现代汉语中"自己"用法说略[J].淮北煤炭师范学院学报(哲学社会科学版),2005(3).

邱舟艳."自己"——约束原则A的叛逆者[J].山东外语教学,2001(4).

张宁.英汉照应语反身代词的约束对比[J].南京晓庄学院学报,2002(2).

仰鑫.约束理论与汉语中的反身代词[D].安徽：安徽师范大学,2003.

李京廉.现代汉语中长距离反身代词"自己"的阻断效应研究[J].外国语言文学,2004(1).

那洪伟.英汉照应语反身代词的对比分析[J].吉林华侨外国语学院学报,2006.

叶素贞.最简方案框架下的汉语反身代词[J].考试周刊,2008(5).

索　引